羽生結弦は捧げていく

高山 真
Takayama Makoto

a pilot of wisdom

目　次

第2章　2018〜19年シーズンで羽生結弦が見せてくれるもの ——

ネイサン・チェン
ボーヤン・ジン
チャ・ジュンファン
ハビエル・フェルナンデス
山本草太
友野一希
須本光希・島田高志郎・鍵山優真・佐藤　駿
髙橋大輔

女子シングル

アリーナ・ザギトワ
エフゲニア・メドベージェワ
エリザヴェータ・トゥクタミシェワ
紀平梨花
宮原知子
坂本花織

まえがき

2018年2月、世界中の人々が注目する中で平昌《ピョンチャン》オリンピックが開催されました。

私は1980年のレークプラシッドオリンピックからずっと、フィギュアスケートというスポーツを愛してやまない観客です。そんな私にとっても、平昌オリンピックのフィギュアスケート競技は、生涯忘れ得ぬ素晴らしい内容であり、結果でした。

2017年11月のNHK杯の公式練習中に右足にケガを負い、NHK杯を含めたその後の試合をすべて欠場した羽生結弦《はにゅうゆづる》は、平昌オリンピックに「ぶっつけ本番」で挑み、皆さんもご存じの通り、ショートプログラムとフリーの両方で見事な演技を披露しました。

そして、ソチに続いて見事な金メダル獲得。男子シングルにおいて、アメリカのディック・バトン以来66年ぶりのオリンピック連覇です。

羽生結弦は、2018~19年シーズンも競技を続行してくれています。その決断がどれほど重く、尊いものか。それなりに長くフィギュアスケートを見続けてきた者として、私は深く受け止めています。

平昌オリンピック開幕の1か月ほど前、『羽生結弦は助走をしない　誰も書かなかったフィギュアの世界』（集英社新書）を出版しました（以降は『羽生結弦は助走をしない』という表記にさせていただきます）。私が感じる「羽生結弦のスケーティングの素晴らしさ」や「羽生結弦のオリジナリティあふれるプログラムの構成。それを可能にした成長ぶり」を中心に、フィギュアスケートというスポーツの素晴らしさを書いたつもりです。

今回、あらたに執筆する機会をいただいたこの本では、平昌直前からオリンピック本番、そして「競技者」として臨む今シーズンの羽生結弦の姿、その演技にフォーカスをあてていきます。私が見たものを見たままに書き記しつつ、その演技の「奥」にあるものを考察していきたいと思っています。あわせて、今シーズンの注目選手たちの素晴らしさについても、なるべく詳細に書いていきます。

２０１７年の終盤から２０１８年の終盤にかけてのことが中心にはなりますが、40年近いフィギュアスケート観戦歴のすべてを込めるつもりです。「私にとって、これは本当に大切」と思うことであれば、『羽生結弦は助走をしない』の中ですでに書いたことであってもいま一度言及するかもしれませんが、何とぞご了承ください。

過去の名選手たちの「これはぜひご覧いただきたい！」という演技もご紹介しています。読者の皆様が後で検索できるよう、その選手の名前と該当する大会名を英語表記で加えています（5ページ未満の間に同じ選手のことを取り上げる場合は、名前は省略）。日本人選手については、該当する大会名だけ英語表記を加えています。

また、現役を引退されたスケーターには敬称をつけていますが、そのスケーターの現役時代のことを語る際には敬称を外していることをお許しください。

『羽生結弦は助走をしない』において、私は「自分をフィギュアスケートライターとかスポーツライターと自称するつもりはない。それらの肩書きには、ある資格が必要だから」という意味のことを書きました。いまでもその気持ちは変わっていません。

スポーツに対する知識や感受性、打ち込んでいる選手たちへの敬意、そういったものをきちんと伝えられているかどうか……。それらの有無はすべて、読者の方々のご判断にゆだねました。

今回はそれらに加え、次のことを意識して書き進めようと思います。

選手それぞれの美点をそれぞれに感じて、自分なりの言葉で文章化すること。

選手たちを雑なカテゴライズでくくらないこと。

読者の方おひとりおひとりの感受性や美意識を何よりも尊重すること。

自分の考えを、押しつけるのではなく、読者の方々にひとしずくの刺激を与えられるようなものを目指すこと。

読者の方々の「心の万華鏡」に、ひとつ色石を加えたら、また違った美しさが生まれるような、そんな文章を目指すこと。

これらのことができているかどうか、読み終わった後でご判断いただければ幸せです。

フィギュアスケートという素晴らしいスポーツがますます発展することを何よりも祈っています。

用語解説

この本を、「あまりフィギュアスケートのことを知らない」という方も手に取ってくださったかもしれません。そんな方々のために、フィギュアスケートの中継などでよく出てくる技や用語を、私なりに簡単な言葉で説明してみます。『羽生結弦は助走をしない』と重複する箇所もあること、ページの都合上、基本的な用語の解説のみになっていることをご容赦ください。

【最初に】
フリーレッグ　片足で滑っているとき、氷についていないほうの足。
エッジ　スケート靴の刃（ブレード）の氷に接する部分のこと。

【ジャンプ】
反時計回り（回転するときの方向が、時計の針が回る方向とは逆）にジャンプを跳ぶ選手の場合で説明します。

アクセル　唯一の「前向きで踏み切る」ジャンプ。ほかのジャンプは全部「後ろ向きで踏み切る」ジャンプです。ジャンプは必ず後ろ向きに着氷しますから、ほかのジャンプより回転数が半回転多くなります。

ルッツ　左足のエッジがアウトサイド（外側）のとき、右足のつま先のギザギザ部分（トウピックと言います）をついて跳ぶジャンプ。

フリップ　左足のエッジがインサイド（内側）のとき、右足のトウピックをついて跳ぶジャンプ。ルッツジャンプとは、「左足のエッジが外側か、内側か」の違いです。ルッツとフリップを明確に跳び分けることができる選手は、私にとって「うまい」選手です。

トウループ　右足ではなく、左足のトウピックをついて跳ぶジャンプ。「トウループ」ではなく「トウ」とシンプルに呼ぶ場合も。この本では「トウループ」ではなく「トウ」で統一します。次に紹介する「ループ」というジャンプと、万が一にも混同するのを避けるためにこの表記にしました。

ループ　トウピックをつかずに跳ぶジャンプ。右足のエッジがアウトサイドになったときに跳びます。跳び上がるとき、左足が右足の後ろへ振り上がっているイメージ。

サルコー　トウピックをつかずに跳ぶジャンプ。左足のエッジがインサイドになったときに跳びます。跳び上がるとき、右足が左足の前を通りながら大きく振り上がっているイメージ。

一般的に、難しい順から「アクセル、ルッツ、フリップ、ループ、サルコー、トウ」と考えられていますが、選手ごとに得意なジャンプ、不得意なジャンプは当然あります。

【スピン】

キャメルスピン　上半身とフリーレッグが一直線になり、かつ、氷と水平を保つポジション（キャメルポジション）でおこなうスピン。ジャンプして、両足とも氷から離れる状態になってから片足で着氷し、即座にこのスピンをおこなうと「フライングキャメルスピン」になります。

シットスピン　ひざをグッと曲げ、腰を落とし、座り込んだような状態でおこなうスピン。ジャンプしてからこの体勢のスピンになると、「フライングシットスピン」という技に。「アクセルジャンプのような形で、左足で踏み切り、空中でお腹《なか》部分が下になるような体勢になってから、右足で着氷し、ダイレクトにシットスピンの体勢に入る」のが、

「デスドロップ」です。

【ムーヴズ・イン・ザ・フィールド（ひとつの体勢をキープして滑ること）】

スパイラル　フリーレッグを腰よりも高い位置にキープして、もう一方の足で滑っていく。女子シングルでよく見られます。

イーグル　左右のつま先を大きく外側（ほぼ180度）に開いた状態で滑っていく。

イナバウアー　イーグルとの違いは左右の足が前後にずれている点です。前に出しているほうの足はひざが曲がっています。「イナバウアー」は足のポジションで判断するもので、上半身がグッと反っている状態は「レイバック」という姿勢。荒川静香や羽生結弦がやっているのは、上半身が「レイバック」で足のポジションが「イナバウアー」です。

ハイドロブレーディング　上半身をグッと低くして、エッジを深く傾けて滑っていく。

【回転系の動き】

ツイズル　スピンは1点で回り続けるもの。ツイズルは片足で回りながら移動します。

ウィンドミル　キャメルポジションから、上半身をグッと前傾させるようにして回転する。

必然的に、上半身と一直線になっているフリーレッグは高く上がります。

【私個人の言葉の使い方】

ミュージカリティ　「音楽性」と訳すのがいいのかもしれません。英語圏の友人が「音楽との同調性、音楽に対する感覚のよさ」を言いたいとき、この言葉で表現していますので、この本でもそのまま使っています。

エッジワーク　スケーターはジャンプやスピン以外のところで、左右それぞれのスケート靴のエッジを「前向きにする（フォア）／後ろ向きにする（バック）」動作、そして「内側に倒す（インサイド）／外側に倒す（アウトサイド）」動作を複雑に組み合わせています。その複雑な組み合わせによるエッジさばきを、私は「エッジワーク」と呼んでいます。私がジャンプ以上に楽しみにしているのは、この部分です。

ステップ／ターン　厳密には「ステップ」にも「ターン」にも、エッジが「フォア／バックの切り替え」「インサイド／アウトサイドの切り替え」「右足と左足を踏み替えるか否か」で、たくさんの種類があり、それぞれに名前がついています。

「ステップシークエンス」とはその名の通り「ステップの連続」。たくさんの種類のステップやターンをさまざまに組み合わせておこなっていく要素のこと。「コレオシークエンス」は、もう少し自由度が高く、ステップやターンの組み合わせ方に規定がありません。印象的なムーヴズ・イン・ザ・フィールドを主役に持ってくる選手も多いです。

この本では、「ステップ」は、エッジワークによってさまざまに切り替わる足の動きのこと。「ターン」は、直径20~50センチくらいの円周を片足でクルッと回っている動作。

そんなイメージでお読みいただければ嬉《うれ》しいです。

第1章　平昌オリンピックで羽生結弦が見せてくれたもの

ケガではゆるがなかった「信頼」

平昌オリンピックをおよそ3か月後に控えた2017年11月、NHK杯の公式練習中に羽生結弦は4回転ルッツで転倒、右足靭帯《じんたい》を損傷して、その後予定されていた競技会の出場をすべてキャンセルし、平昌オリンピックに「ぶっつけ本番」で臨みました。

羽生が治療に専念していたおよそ3か月の間、メディアではさまざまな予想、憶測が流れていましたが、私は不思議とネガティブな心持ちにはなりませんでした。この思いが「後出し」ではないことを証明したいわけではありませんが、2017年12月から平昌オリンピック開幕までの間に書いた、いくつかのエッセイから一部を抜粋いたします。

私は、羽生結弦が平昌オリンピックで素晴らしいパフォーマンスを披露してくれることを露ほども疑っていません。

（2017年12月11日、サイゾー premium）

語弊のある表現かもしれませんが、羽生が「治療を優先させている」ことに、ちょっとホッとしたくらいです。「痛みをおして氷の上での練習を再開している」というニュースを目にしたら、もっともっと心穏やかではいられなかったでしょう。
（２０１７年12月11日、高山真ブログ）

私はフィギュアスケートが大好きで、すべての選手をリスペクトしています。そして、羽生結弦は「超」がつくほど好きなスケーターのひとりです。というか、もっと正確に言えば、「羽生結弦のことは、『好き』以上に『絶対的に信頼している選手のひとり』と言うべきかも」という感じなのです。
（２０１７年12月14日、高山真ブログ）

平昌オリンピックに向けて、羽生結弦が込めている「意志」の強さ、激しさは、正直言って、私レベルの人間では想像もつきません。ただひとつ言えるのは、そんな「意志」で迎える平昌オリンピックが、素晴らしいものにならないはずがない、ということです。
（２０１７年12月27日、集英社新書特設エッセイ）

素晴らしい演技を披露した羽生結弦のことを語ろうとした織田信成氏が、涙にくれて何も言えなくなってしまう……。もしかしたら、およそ２週間後、そんな光景がテレビで見られるかもしれません。

「見られるかもしれません」ではなく、私はすっかり「見られるに違いない」という気分でいるのですが。

このうえもなく美しい演技のあとに、そんな美しい光景が見られたとしたら。

観客にとっては、それもまたこのうえもなく幸せな体験であることは間違いないでしょう。

（2018年2月5日、集英社新書特設エッセイ）


ご覧の通り、私は「露ほども疑っていない」「絶対的に信頼している」「オリンピックは素晴らしいものになる」と繰り返し書いています。ここまではっきり記述していたのには、理由があります。

羽生結弦は、平昌オリンピック以前の段階ですでにフィギュアスケートの歴史に名を残しています。同時に羽生結弦の歴史は、ケガや病気と戦ってきたひとりの人間の歴史でもあることを、ファンの方はご存じでしょう。

大前提として、アスリートに限らず、人は皆、健康であることが何より優先されるべきだと私は思っています。ただ、「人が自分の意志で、リスクを背負って歩みを進めている」

のなら、その人の意志を最大限に尊重しつつ、応援するのみです。

例えば、平昌シーズンの前年にあたる2016~17年シーズンだけでも、羽生結弦は傷めた左足甲の治療に専念するために6月まで氷上での練習ができない状態でした。そして全日本選手権の開催直前にはインフルエンザ。インフルエンザがどれほど体力を削るか、かかったことがある人はすぐにおわかりになるでしょう。

そんな状態で過ごしていたシーズンのラスト、フィンランドのヘルシンキで開催された世界選手権のフリー(2017 Worlds FS)で、羽生結弦はこの世のものとも思えないほどのクオリティ、出来栄えの演技を見せてくれました。

「あ、今夜はもう眠れないことが決定だ」

と思ってしまうほどに。それは一観客である私が抱く「信頼」をより強固にするのに充分すぎるほどのインパクトがあったのです。

羽生結弦は、常にこちらの想像を超えてきました。2017年NHK杯の開幕直前にケガをしたニュースが入ってきても、「平昌は素晴らしいものになる」と思う気持ちに変わりがなかったのは、こうした過去の「事実」によるものなのです。

羽生結弦の武器は「ジャンプ」だけではない

私が『羽生結弦は助走をしない』を書いたもっとも大きな動機のひとつが、「日本のニュースメディアが『どの種類のジャンプに何回成功したか』という面ばかりに焦点をあてて報道しているように思われたこと」でした。フィギュアスケートは、その名の通り「氷の上に図形（フィギュア）を描く」ことがそもそもの成り立ちです。難しいジャンプほど大きな得点が得られるのは事実ですが、それだけではないのです。

4回転ジャンプやトリプルアクセルのような難しいジャンプの前後に、どんなステップやターンが入っているか。そして、ジャンプやスピンなどの技と技の間を、どのようなエッジワークでつないでいくか。

こういった部分は「トランジション」と呼ばれています。

羽生結弦は、難しいジャンプの前後さえ、そのスケート靴のエッジが複雑で美しい図形を描きます。「ジャンプだけでは充分ではない。まず何よりも、自在な『滑り』ありき」ということに、もっとも真摯に向き合ってきたスケーターのひとりなのです。

前著で私は、2010年世界ジュニア選手権のフリーから2017年のロシア大会フリーまでの羽生の演技で、心をつかまれた箇所を自分なりに詳細に記していますが、いま振り返ってみても、羽生結弦のスケーティング技術がシーズンごとに飛躍的に磨かれていると感嘆するばかりです。

第2章でも述べますが、例えばトリプルアクセルの前後のトランジションひとつとっても、羽生はシーズンごとにまったく違うエッジワークを取り入れています（もちろん同一シーズンのショートプログラムとフリーでもガラリと変えてきています）。

そういったスケーティング技術は当然、一朝一夕で身につくものではないでしょう。しかし逆もまた真なりで、そうした技術が多少のブランクで錆《さ》びつくこともないはず……。

私はそう思っていたのです。

練習再開は本番の1か月前

羽生結弦が氷上での練習を再開したというニュースに触れたのは、平昌オリンピック本番の1か月ほど前、2018年1月16日のことです。

そのニュースの数日前、私は、日曜深夜の日本テレビの『NNNドキュメント』を見ていました。羽生結弦のこれまでの数年間に密着したドキュメンタリー番組。その中に、羽生が少年時代からいまにいたるまでずっとつけているというノートが紹介されていました。何冊分にもわたってびっしり書き込まれた、「己との向き合い」。その中で、異彩を放っていたのは、1ページまるまる使って、大きな文字で書かれていた、こんな言葉でした。

「絶対に勝ってやる！」

日付は2012年10月26日でした。

羽生結弦というスケーターは、ずっとこうやって「一日一日、一瞬一瞬、自分自身と向き合う冷静さ」と、「型破りなほどのパッション」の両方を、統合しようと努力を続けてきた。そう感じて、鼻の奥がツンとしてしまったのを覚えています。

フィギュアスケートは、テクニカルエレメンツとプログラムコンポーネンツの両方で採点される競技。「ジャンプ・スピン・ステップ」と、「スケーティングスキルやトランジション、演技全体の構成や音楽の解釈」、そういった二面性が要求されるスポーツです。

言うまでもなく、羽生結弦は、そういった二面性をどちらも極限まで追い求めてきた選手です。しかしこの番組で私は、羽生結弦がまた別の二面性もずっと追い求めてきたことを再確認したのです。

「熱いだけではダメ。しかし、熱くなければスタートラインにも立てない」

江國《えくに》香織《かおり》氏・辻仁成《つじひとなり》氏の小説のタイトルを借りれば、まさに『冷静と情熱のあいだ』とも言うべき二面性のバランスを、何年にもわたって極限のところで取り続けてきた……。ますますリスペクトの気持ちが大きくなりました。

カタリナ・ヴィットの「エール」

世界的なトップグループに何年もい続けること。そんな環境で戦い続けること。しかもその戦いは、何よりもまず「自分との戦い」になること。

それらすべて、私にはイメージすらできない世界です。そんな世界で確固たる結果を残し続けてきた羽生結弦がいままで下してきたチョイス、そしてこれから下していくチョイスに、間違いがあろうはずがない。少なくとも、そういう状況に身を置いたことがない人間が、「あれが間違いだった。これがダメだった」などと指摘できるはずがない――。

そんな思いを抱いていたときに、私は「氷上練習再開」のニュースを聞いたのです。

あれは確か、1992年、伊藤みどりのアルベールビルオリンピックに関連するドキュメンタリー番組で放送された場面だったと思います。１９８４年のサラエボ、１９８８年のカルガリーと、女子シングル２連覇を果たしたカタリナ・ヴィットが、伊藤みどりの挑戦を称《たた》えながら、スケーターの心理を代弁していました。

「『大丈夫。自分にはできる』、そう言い聞かせること。それだけなんです。それだけのことをやってきたのですから。そして、本番で願い通りできるかどうかは、神様からのちょっとしたプレゼントなんです」

25年以上前に見た番組ですし、私の手元には録画も残っていません。ですから、実際の放送と私の記憶している言葉には、多少ニュアンスの差があるかもしれません。ただ、「やるだけのことをやったら、あとは神様の領域」という意味の言葉を、確かにヴィットは口にしていたと思います。

平昌オリンピックを前に、私は改めて、このヴィットの言葉を思い出しました。羽生結弦はもちろんのこと、すべての選手に「神様からのちょっとしたプレゼント」が舞い込む大会になることを祈りながら。

道は開ける。花は咲く。平昌では見たことがないような美しい花を見ることができる。

練習再開のニュースで、そんな思いがますます強くなったのは言うまでもありません。

ぶっつけ上等！　いざ平昌へ

平昌オリンピックのチケットを私は奇跡的に取れていました。ただ、後述しますが、この時期の私は人生でいちばん体調に問題を抱えていて、隣国とはいえ海外に渡ることをギリギリまでためらっていました。悩みに悩んで、

「これを見逃したら、自分の体調がどうなろうと一生後悔するだろう」

と決断し、男子シングルのショートプログラムとフリーだけを現地観戦することに決めました。そして、「生涯忘れることはないだろう」と断言できる経験を得たのです。

◎2018年平昌オリンピック　男子シングル（個人）ショートプログラム

(2018 Olympics SP)

文字通りの「ぶっつけ本番」で臨んだ羽生結弦のショートプログラム。演技前には両手を合わせて祈るようにリンクを見つめていた多くの観客が、ラストの足替えコンビネーションスピンのときには、その手が割れるほど拍手を始めました。

曲の終了と同時に、会場は屋根が抜けるほどの大歓声で埋め尽くされました。すぐ前に座っていた方は号泣されていました。私も泣きながらその方とハグを交わしたのをはっきり記憶しています。

使用曲はショパン『バラード第1番』。

ピアノの音符ひとつひとつとピッタリとシンクロする羽生結弦の足さばきは、「氷そのものが大きなピアノで、羽生結弦のエッジが、その大きなピアノを演奏している」というイメージです。そして、プログラム全体から羽生が放つ雰囲気も、ショパンのピアノ曲のイメージに合わせている。

「ひとつひとつの足さばき」も「足さばきの集合体としての、全体の雰囲気」もシンクロしているわけです。見事な二重構造だと思います。

要素の実施順に、私が心をつかまれた箇所を、なるべく詳細に振り返っていきたいと思います。

●スタートのひと漕《こ》ぎのあと、左足のフォアインサイドから、一瞬のターンでバックアウトサイドにエッジが変わる。このターンをブラケットと呼びますが、このなめらかさと、バックアウトに変わってからの、糸を引くような迷いのないトレースが素晴らしい。

2014~15年シーズン、および2015~16年シーズンと同じ曲を使っていますが、そのときと比べても進化、深化は明らか。バックアウトに切り替わってからのポジションの保持の時間が、1拍分延びていて、その分距離も出ています。

●最初のジャンプのための助走にあたる漕ぎは、三蹴りほど。その時点で、すでに曲の音符と足さばきを一致させている。

助走に続くコネクティングステップは、リンクの短辺部分を往復するほどたっぷりとっている。

ピアノの短い音にはエッジを動かすことで成り立つステップを、長めに伸びる音にはエッジを動かさないからこそ成立するイーグルを合わせている。

「曲のイメージ」だけではない、「音符やリズム」にまで厳密に合わせていくエッジワークが、「この曲を選んだ必然性」や「この曲で滑る意味」を明確に表しているのです。

●4回転のサルコー。そのスムーズな着氷のトレースの延長線上に、パーフェクトに置いていくフリーレッグ。そのままアウトサイドのイーグル、そしてインサイドのイーグルへと移行する。ここまでが、4回転ジャンプのトランジションだと私は解釈しています。
インサイドのイーグルにおける、背中のアーチも素晴らしい。

チェンジエッジしていくイーグル、そしてチェンジエッジしてからのほうがスピードが上がるようなイーグルを、4回転ジャンプの着氷後のトランジションとして入れるのは、褒め言葉として使いますが、異常なレベルです。

●バタフライからフライングキャメルスピン。体が氷とほとんど平行になるくらいに跳んでいて、それを片足で受け止めているとは信じられないほどに軽やか。
また、デリケートな着氷の瞬間と、ピアノの繊細な高音が、ピタッとはまっていることの気持ちよさ!

ポジションの移行時も、ドーナツスピンという難しいポジションに変更したあとも、回転速度が一定を保っています。回転ごとに頭が同じ位置を通るタイミングと、バックに流れるピアノの音の同調性で、そのことがはっきり感じられます。

●バックエントランス（背中側から入っていく）のウィンドミルをトランジションにした、足替えのシットスピン。特に、足替えをして、フリーレッグを軸足の間に巻き込むようなポジションへと変化しても、なおスピードは落ちず、ピアノの音とシンクロしています。途中でアームの動きにさまざまなバリエーションを入れても、回転速度に影響がないのも見事です。

●足替えのシットスピンのあと、バックエッジのなめらかさや大きさを右足・左足それぞれの片足で見せ、右足のバックエッジがフォアエッジに変わる瞬間には、ピアノのもっとも高い音を合わせている。
「エッジが、曲を奏でる」ということに、細部まで向き合ったプログラムであることに感激します。

●トリプルアクセルの前後のトランジション。ルール上は、トリプルアクセルの前にも後にも、ステップを入れる必要はありませんが、羽生はリンクの対角線をほぼいっぱいに使ってステップを踏んだ後、トリプルアクセルを跳びます。

バックアウトエッジでジャンプを着氷した後、バックインサイドへとチェンジエッジ。そしてすぐフォアエッジに移行、2回転分のターンを入れています。ここまでが、着氷した足でおこなうトランジションになっています。

着氷後でも充分なスピードを保持していることといい、2回転分のターンが終わるまでの距離の長さといい、羽生結弦ならではの「ジャンプとスケーティングの融合」の証明と言えるでしょう。

バックアウトからバックインへとチェンジエッジするときは、ややタメが入るようなピアノの音、そのピアノが華やかにこぼれるような音に変わったところでターンに入る。緻密なプログラムデザインにも目を見張ります。

「このエッジワークには、こういう『音』が似合う」という、羽生結弦（および振り付けを担当したジェフリー・バトル氏）の明確な主張を強く感じます。

●ターンの連続からの、4回転トウ+トリプルトウのコンビネーションジャンプ。2番めのジャンプのトリプルトウは、両手を上げたポジション。もちろんジャンプそのものの難度も上がります。

そして、着氷した瞬間のアームも、「着氷のバランスをとるために両腕を広げている」のではなく、「叩《たた》きつけるようなピアノの音との同調性の表現」として使っている。単に「4回転トウからのコンビネーションジャンプを跳ぶ」ということではなく、「4回転トウからのコンビネーションジャンプで、何を表現するか」という部分にまで踏み込んだ実施だと感じました。

●ステップシークエンスは、要素の実施順に「ツボ」を書いていきます。
■序盤の、羽生のナチュラルな回転方向とは逆の、時計回りのターン。
これは2015〜16年シーズンの演技とも共通するムーヴですが、「あのときより、さらにきっちり1回転ターンしている」とより鮮明さを感じさせるものになっています。

シャープなターンと連動するかのように、また、音楽の盛り上がりどころとリンクするかのように、アームの表現も情熱的かつエレガント。

このステップシークエンス全体に言えることですが、「非常にクリアな足さばきでありながら、一足ごとにパッションの温度が上がっていく」のです。私は「クリスタルが沸騰している」というイメージを持っています。

■小さなホップ（このホップの瞬間の、ピアノの音との同調性も見事）からただちにおこなう、右足だけで異なるターンをひとつひとつ鮮やかに踏み続ける箇所。右足だけで出している距離の長さも素晴らしい。

■プログラムの最初のムーヴとリンクするかのような、ブラケットターン。

■インサイドのイナバウアー。「途中まではターン。いつの間にかイナバウアー」という、非常にシームレス（つなぎめがない）なもの。イナバウアーに入る直前の右足が、遠心力をガッツリ使って外側に振っているにもかかわらず、右足が氷をとらえるや、なめらかなイナバウアーのトレースに一瞬で入っている。こういった「さばき方」も、羽生結弦のオリジナリティのひとつであることは間違いないと思います。

■アームのポジションにバリエーションをつけたツイズル（途中で、軸足に巻き込んだほうの足を1度ほどいていますので、ふたつのツイズルの連続として解釈しました）。

■羽生本来の回転方向とは逆の、時計回りのツイズルから始まる、左足1本で異なったターンを踏み続ける箇所。

●ラストの要素であるコンビネーションスピン。キャメルポジションにおける、肩から指先にかけての、非常に柔らかいラインと、ピアノの音と同調させた強いポーズのコントラスト。

回転に勢いをつけるためのアームの動きではなく、純粋に「音楽性」の表現のためのアームの動き……。

オリンピックの歴史に残る、すさまじいばかりのショートプログラムでした。

「羽生結弦が平昌で素晴らしい演技を披露することを、露ほども疑っていない」

という私の予想を、羽生結弦は、あの平昌の舞台で、何十倍、何百倍のスケールで超えてきてくれたのです。フィギュアスケートファンとして、これほど嬉しいことがあるでしょうか。

「ひとつめの奇跡を、この目で見た」

という私の感想は、決して大げさではなかったと思います。

◎2018年平昌オリンピック　男子シングル（個人）フリー　（2018 Olympics FS）

まず、自分の話から始めることをお許しください。

平昌オリンピックのフィギュアスケート男子シングルが開催される10日ほど前でしたでしょうか、FMヨコハマのラジオ番組に出演させていただきました。その番組の中で、私はフィギュアスケートの私なりの見方として、こんなたとえをしました。

「フィギュアスケートを1本のネックレスにたとえると、ジャンプはダイヤモンド。そのダイヤモンドを何でつないでネックレスを作るか。普通の紐《ひも》でつなぐか、それとも細工の見事なプラチナやホワイトゴールドでつなぐか。ネックレス全体として完成度が高いのは、どちらなのか」

言うまでもなく、「紐」や「細工の見事なプラチナやホワイトゴールド」にあたるものが、トランジションです。

前述の通り、『羽生結弦は助走をしない』で、私は、羽生結弦のトランジションの見事さを自分なりのボキャブラリーで書きました。

フィギュアスケートをダイヤモンドのネックレスにたとえた理由は、もうひとつあります。

ダイヤモンドを買ったことがある方、買うことを検討したことがある方はおわかりかと思いますが、ダイヤモンドの値打ちは「カラット」（重さ）だけで決まるわけではありません。キズや内包物がどれだけ少ないか、美しいカットを施されているか、無色透明な色味かどうか。そういったことも含めて、ダイヤモンドの価値は決まります。ですから、「内包物や曇りが目立つ6カラットのダイヤモンドよりも、内包物がほとんど見えなくて透明度が高い5カラットのダイヤモンドのほうが高い価値がある」という例は、わりと当たり前にあるのです。

フィギュアスケートとからめて言えば、ジャンプやスピン、ステップのそれぞれの基礎点を「カラット」だとすると、内包物やキズのあるなし、透明度の違いなどがGOE（"Grade of Execution" 日本では「出来栄え点」と言われることが多い。2017〜18年シーズンまではプラス3からマイナス3までの7段階で判定されていたが、2018〜19年シーズンからプラス5からマイナス5までの11段階で評価）として反映され、ひとつひとつの得点が決まる。そしてジャンプやスピン、ステップを、今度はどんなクオリティのトランジションでつないでいくか……。そんな複合的な視点で演技全体の得点が決まると私は思っています。

選手たちは、自分たちのプログラムを多方面にわたって磨き上げています。

「どの種類のジャンプを何回跳ぶか」という、日本のメディアにおいて主流となっている視点だけでは、そんな努力をきちんと見ることはできません。選手とコーチがプログラムに込めた思い、もっと強い言葉を使えば「哲学」も、「ジャンプの種類と回数」という単純な視点ではとらえきれないのではないか、と思うのです。

ダイヤモンドも見事、それをつなぐプラチナの重量感や細工も見事。スケーターたちは、そんなネックレスを、ショートプログラム・フリーの両方で見せるために最大限の努力をしています。

そして、平昌の男子シングルで、2本のネックレスとも素晴らしいクオリティに仕上げてきて、私たちに見せてくれたのが羽生結弦だった……。私はそうとらえているのです。

羽生結弦の平昌オリンピックのフリー『SEIMEI』は、リアルタイムの会場では落ち着いた気持ちで見ることはとても無理だったのですが、折に触れ見返すたびに、そのすごみを実感しています。ショートプログラム、ショパンの『バラード第1番』と同様、何度も繰り返し鑑賞するに値する素晴らしいものだったと思います。

ただ、直前の6分間練習での調子は、ショートプログラムの6分間練習と比較しても、明らかに悪かったように見えました。高さが足りないゆえの回転不足だったり、明らかに空中の回転軸が傾いていたり、万全ではない着氷姿勢のためにステップアウトしたり……。羽生本来のジャンプのクオリティではないのが、客席からもわかるほどでした。

もちろん、ショートプログラムのときも万全とは決して言えないコンディションだったはずです。しかし、羽生はショートプログラムの6分間練習から本番の演技まで、あまりに素晴らしいパフォーマンスを見せてくれました。そのため、私は、羽生が長期間にわたって欠場してきたことを心のどこかで忘れてしまっていたのです。

フリーの6分間練習中、私は早くも胸が痛むような思いにとらわれました。

「ああ、実はギリギリの状態だったのだ。ケガからの3か月間で、何かひとつでもチョイスを間違えてしまっていたら、ここに立てていなかったかもしれなかったのか」

ケガの状態がどうであれ、平昌の舞台に立つことを誰よりも願っていたのは羽生結弦です。そして、平昌の舞台で納得できる演技をすることを誰よりも願っていたのも、羽生結弦なのです。

私はこのときほど、カタリナ・ヴィットの言う「神様からのちょっとしたプレゼント」

を願ったことはありませんでした。

●リンクの短辺を往復するほど、たっぷりとったトランジションから跳ぶ4回転サルコー。跳ぶ直前まで、雅楽器の旋律やリズムに乗せて、左右の足を踏み替えてターンをしているのに、ジャンプの踏み切りの瞬間はまったく力みのないものになっている。「力」ではなく、「スケートの流れの中でとるタイミング」で跳ぶジャンプ。細くまっすぐな回転軸、着氷後の流れの見事さも素晴らしい。

●サルコーを跳んだ後の、両ひざを曲げた状態のイナバウアー。ショートプログラムのステップシークエンスの中では、「途中まではターン。いつの間にかインサイドのイナバウアー」という要素を見せていますが、このフリーでも、足を含めた体を回転させながらエッジをさばいているのに、イナバウアーに入った瞬間にピタッとイナバウアーのトレースに乗せて（遠心力で体が外側に振れるのを一瞬で抑えて）います。何度見ても「何が起こっているのか」という素敵な驚きがあります。

また、このイナバウアーの体勢から、両足を氷につけた状態のまま、スピードを落とさずなめらかに両足の位置を変えていき、両ひざを曲げた状態のアウトサイドのベスティスクワットイーグルの体勢に変化させていくのです。

少し長い話になってしまうことをご容赦ください。

個人的に私が好きなエッジワークは、大きく分ければふたつあります。

ひとつは、「右足／左足、前向き／後ろ向き、インサイド／アウトサイド、計8つのエッジさばきが一瞬にして変化するような動き」です。

まるで信号が赤から青に変わるようにスイッチしていく、まばたきしている間に、1が0に、0が1に変わってしまうような動きを隙間なくつなげていくエッジさばきです。

羽生結弦の平昌のプログラムから例をとると……。ショートプログラムのステップシークエンスの中盤を過ぎたころ、流れるようなブラケットターンの直後に訪れる、「左足のクリアなバックエッジから、すぐにクリアな左足フォアエッジへの切り替え。そして間髪入れずに今度は右足のクリアなフォアエッジから同じくクリアな右足バックエッジへの切り替え」

の部分。ショパンのピアノの、透明度はそのままに盛り上がりをどんどん高めていく旋律にピタリと合わせた、クリアかつ情熱的な足さばき。これを初めて見たときは、鼓動が早鐘のようになったのと同時に、その足さばきの精緻さに理解が追いつかなかったほどです。

前述しましたが、「クリスタルが沸騰している」という、あいまいな感想を持つのが精いっぱいでした。

そしてもうひとつは、「西の空が夕焼けに染まり始めて、それが薄闇に沈んでいくようなな、じっくりとした、かつ一定の変化を、早送りのタイムラプスで見るような動き」です。

私がそれを最初に強く感じたのは、レジェンドスケーターのひとり、ミシェル・クワンの、インサイドからアウトサイドへとチェンジエッジしていくスパイラルです。クワンのトレードマークとも言えるスパイラルを初めて見たのは、1997年のジャパンオープン（当時はホンダ・プレリュード・カップという名前で、現在のような国別対抗戦ではなく、プロアマ混合の個人戦の大会でした）のショートプログラム（Michelle Kwan 1997 Japan Open SP）です。

非常に薄いスケートの刃でスピードを出しながら、厳密な体重移動を、一定の時間まったくゆるむことなく実施しなくてはいけない。そんなエッジワークです。

羽生の「ターンからいつの間にかイナバウアー、そしていつの間にかベスティスクワットイーグルへ」という流れを見たときに、私はミシェル・クワンのスパイラルを初めて見たときのように鳥肌が立ちました。

正確さをベースにした、荘厳さ。その荘厳さが、曲のイメージとぴったり合っている。そしてこれを、「ジャンプとジャンプの間の、演技の中のつなぎ」として取り入れる。こうした部分が私にとっては「細工の見事なプラチナやホワイトゴールド」なのです。

●リンクの長辺をいっぱいに使った4回転トウのトランジション。ジャンプを跳ぶ直前まで濃密にコネクティングステップを踏んでいるのに、そのステップが非常にエアリーなため、「とても難しいことをしている」ことを一瞬忘れてしまいそうになるほどです。

また、最初の4回転サルコーもこの4回転トウも、ショートプログラムで跳んだときとはコネクティングステップのパターンをきっちり変えてきているのも見事。

●トリプルフリップの前後の濃密なトランジション。

バックアウトエッジで着氷した後は、そのエッジをバックインエッジにチェンジエッジしてから、エッジを前向きに。さらにそこからターンを入れている。

1シーズン前のフリー『Hope & Legacy』のトリプルフリップは、着氷後のトランジションが、跳ぶ前のトランジションと呼応するようなターンでした。まるで「ジャンプを軸に鏡に映したような」とでも言いますか、「ロールシャッハテストのインク絵の、美しい模様のような」とでも言いますか……。

軽やかさや繊細さが曲想として前面に出てくる『Hope & Legacy』と、荘厳さや重厚さを感じる『SEIMEI』とで、トランジションを変えてくる。音楽表現としてのエッジワークで、これができる。それが羽生の強さです。

●トリプルフリップのトランジションが終わって即座に入る、フライングキャメルからの足替えのコンビネーションスピン。この中で、2017年のロシア大会では入れていたビールマンスピンを外しています。

6分間練習のときに、「ケガが治りきっていないどころか、ギリギリの状態なのではないか」と感じたのですが、それが確信に近いものになった瞬間でした。男子選手の本来の柔軟性を考えると、「スピンの難しいポジション」の中でも突出して足腰に負担をかけるのがビールマンスピンであると私は思っているからです。

ここから私は、もう両手を合わせて祈るような気持ちになったことを覚えています。スピンの後に入れたトランジションは、インサイドのイナバウアー。スピンの「出」にも妥協が一切ないプログラムデザインです。

●ステップシークエンスは、要素の実施順に「ツボ」を書いていきます。

■ひとつひとつのステップを明確に実施しながら、助走をおこなっているかのようにスピードが速くなっていきます。2015～16年シーズンの『SEIMEI』と比べても、その進化、深化が見て取れました。

右足のひざを曲げ左足を伸ばし、足のポジションが「への字」の形になるムーヴズ・イン・ザ・フィールド（左足はかかと部分のエッジだけで滑ります）の直前、時計回りに「フォア～バック～フォア～バック」と、180度ずつなめらかにターンしていく部分に、まずため息がもれます。

■「への字」から、インサイドのベスティスクワットイーグル、そして時計回りのターンへ。この3つの要素の流れが、先ほどの「イナバウアーがいつの間にかベスティスクワットイーグルに」に続き、またしても「いつの間にか次の足さばきに変わっている」というシームレスさで息をのみます。

この3つのムーヴを、上半身は非常にくっきりしたコントラストで見せるのに対し、ひざから下、足首から下は流れるようなつながりになっている。
■顔を上げながらホップした直後の、左足のアウトエッジの深さ。
■時計回りのツイズルから始まる、異なった種類のエッジワークの組み合わせ。
■「神官がすり足で進んでいる」ようなイメージの足さばき。上半身を倒さないため「体重をかけにくい」形ですが、進行方向へのスピードを見事にキープしています。

●プログラム後半に入れた4回転サルコーからトリプルトウのコンビネーションジャンプ。
リアルタイムで見ていたときは、とにかく「足、最後までこらえてほしい!」という思いだけでしたので、着氷の瞬間はただただ拍手をするばかりでした。

改めて見返してみると、プログラム後半にもかかわらず、力みのない鋭い踏み切りと、細くてまっすぐな回転軸のジャンプに見惚《みと》れるばかりです。

2018年の年末に放送されたニュース番組では、羽生自らが、6分間練習で4回転サルコーの感覚をつかめなかったことを認め、「本当にすがるような感じで、完全にジスランコーチ（ジャンプコーチを務めるジスラン・ブリアン氏）の知識とほかの視点を借りて、それを信じてそれだけに集中していった」とコメントしていました。後半の4回転サルコーは、見事に決まった最初の4回転サルコーの映像に自分の体を重ねて跳びにいった、とも語っていました。「自分自身を俯瞰《ふかん》で見る、客観的にイメージする」と口で言うのは簡単ですが、それをオリンピックの本番でも完遂する冷静さに驚きました。

また、このコンビネーションジャンプのあとに入れたアウトサイドのイーグルまでの足さばきと、曲の旋律（リズムというよりは音符）との同調性も素晴らしい。プログラム後半の大技のあとにも、こういった「足さばきを厳密に曲に合わせていくことで生まれる、フィギュアスケートならではの表現」を追求していると感じ入ります。

●ふたつめの4回転トウ。ステップアウトはしたものの、転倒ではなく我慢しました。「とにかく、こらえた」と、拍手するばかりだったことをいまでもはっきり思い出せます。

●次のジャンプの要素である、トリプルアクセルからのコンビネーション。

ふたつめの4回転トウは、本来「4回転トウ〜ハーフループ〜トリプルサルコー」という構成ではなかったか、と、私は現地の練習風景のニュースを見て推測していました。それが成功した場合、「トリプルアクセル〜ダブルトウ」のコンビネーションにする予定だったのでしょう。

ここで羽生は、「ダブルトウ」ではなく、4回転トウにつけられなかった「ハーフループ〜トリプルサルコー」をアクセルの後に入れる、という決断を瞬時にしたはずです。

羽生結弦のリカバリー能力の高さや瞬時の判断の見事さといえば、2017年の四大陸選手権のフリー（2017 4CC FS）を思い出す方も多いと思います。

羽生はプログラム後半の4回転サルコーが2回転になるミスがありました。その後、「トリプルアクセル〜ハーフループ〜トリプルサルコー」の予定を、4回転トウからダブルトウのコンビネーションジャンプに変更。最後のジャンプ要素として予定していたトリプルルッツをトリプルアクセルに変更したのです。

「どんな状況になっても、その状況の中で可能な限り高い得点を目指す」

と、言葉で言うのは簡単です。

しかし、あれだけ密度の高い技やエッジワークを次々に実施していく演技中に、ザヤックルール（同一種類のジャンプの実施回数に一定の制限がかかるルール）に抵触しないよう、一瞬で計算することがどれだけ難しいか……。

羽生がその冷静さをオリンピックでも発揮したことに、ただただ驚くばかりです。

しかもこのトリプルアクセルのジャンプ前のトランジションは、「アウトサイドのイーグルからインサイドのイナバウアーにシームレスにエッジを変えていく」動きから、「ただちに時計回りのターンを入れて、反時計回りに跳ぶ羽生のジャンプの回転の勢いを削ってしまう」という動きをつなげている。そこまでしてから、ようやく足を踏み替えて跳ぶのです。単体でのトリプルアクセルですら、ここまで濃密なトランジションを入れて跳ぶ選手は羽生結弦以外にいないと断言できます。

信じられないほど難しいトリプルアクセルの跳び方に続けて、本来の予定ではなかった、はるかに難しいジャンプを組み合わせ、成功させてみせる。羽生の、トリプルアクセルに対する絶対的な自信（それを証明するかのような強さ）を感じました。

そして同時に、

「4回転のルッツはもちろん4回転ループまで外す決断をするほどのギリギリのコンディションだった自分を受け入れたこと」

「そんな状態の中でも『少しでも基礎点を上げたい』という思いから、絶対的な自信を持つトリプルアクセルを1本に絞るという決断をしたこと」

このふたつの羽生の思いを感じて、私は涙腺がゆるみはじめてしまいました。

●1度左足にグッと体重を乗せてから、踏み切り直前にその体重を右足のアウトエッジに乗せ換えて跳ぶトリプルループをはさんで、最後のジャンプのトリプルルッツ。
ショートプログラム、フリーを通じて唯一、回転の途中で軸がぶれてしまったこのジャンプの着氷を、ギリギリでこらえてみせた意地。

本来ここは、ルッツの着氷から、フライングの足替えシットスピンにダイレクトにつなげる構成ではないかと思います。2014~15年シーズンの『SEIMEI』ではそういった構成でした。2017年ロシア大会での最後のジャンプの要素、トリプルアクセルからもダイレクトにフライングの体勢に入っています。

しかし平昌では、「フライングの体勢が整うまでの間、ほんの一瞬ではあるけれど、あえて待った」ように見えました。

「ジャンプのGOEが下がるのは仕方ない。でも、スピンのレベルまでは落とさない」という判断があったように感じたのです。ここにも羽生の瞬時の冷静さを見た思いです。

●コレオシークエンスにおける、激情の表出。

ギリギリの状態であることを受け入れ、「冷静と情熱のあいだ」を破綻なくコネクトしてきた羽生の気持ちが、いちばん表れたのがこのコレオシークエンスだと思います。「冷静さを突き破って情熱が出てきた。それもいちばん激しい形で」というイメージでした。

その気持ちを（私が勝手に、ではありますが）感じて、最後のコンビネーションスピンは視界がにじんでよく見えませんでした。

ショートプログラムの最後のコンビネーションスピンであふれた涙は、「ここまで戻してくれた！」という涙でした。一方、フリーは「これほど厳しい状態の中でも、ここまでのものを見せてくれた！」という涙でした。

羽生結弦、ソチに続いてのオリンピック金メダル。

優勝が決まった瞬間、会場の大型スクリーンには、涙ぐみながら「ありがとうございました」と唇を動かした羽生の姿が映し出されました。試合直後のフラワーセレモニーの前に、羽生結弦と宇野昌磨《しょうま》、ハビエル・フェルナンデスの3人で抱き合ったシーンにも、拍手しながら涙があふれてしまいました。

この2日間に平昌の舞台で起こったすべてを、この目で見られたことは、私にとってこれ以上ない宝物になったのです。

◎2018年平昌オリンピック　エキシビション　（2018 Olympics EX）

男子シングルのショートプログラム、フリーと観戦し、生涯忘れ得ぬ宝物をもらったような気持ちで帰国した私が、エキシビションを見ていたのは病院のベッドでした。2月20日から入院することは、平昌行きを決断する少し前に決まっていたのです。

そのことを悲観していたわけではありません。むしろ、

「一か八かで平昌行きを決めて、結果が大当たりだったんだから、絶対、何かに守られているはず。今度の手術もきっとうまくいくでしょう」

と、脈絡もないのに強い自信が生まれていたほどです。

羽生結弦はすべての選手たちの大トリで、『ノッテ・ステラータ』をバックに、「幽玄」とも言える世界を作り出してみせました。

『ノッテ・ステラータ』は、サン・サーンス作曲の『白鳥』に、イタリア語の歌詞をつけ

たクロスオーバー的な作品です。

『白鳥』をモチーフにした作品というと、私はまずバレエ『瀕死の白鳥』を思い出します。バレエ『瀕死の白鳥』は、ダンサーが片足のつま先で立っている場面がごくわずかと言っていいと思います。両足を小刻みに震わせるような動き（パ・ド・ブーレ）をメインに、ステージを滑るように進んでいきます。その動きに、観客は、ステージが湖面であるかのような錯覚を抱きます。

そのバレエの「基本」をリスペクトしているのでしょうか。羽生のこのプログラムは、あえて両足滑走にしている部分が非常に多いように感じます。また、片足で滑っているときも、フリーレッグを高く上げている箇所はほとんどありません。

競技プログラムにおいて、羽生は「右足／左足それぞれの片足滑走」「フォア／バック」「インサイド／アウトサイド」の8種類のエッジを複雑に組み合わせてプログラムを組んできます。

対して、この『ノッテ・ステラータ』では、その能力を見せること以上に、「湖面を滑っていく白鳥の姿を、スケーティングで見せるには、どうすればいいか」ということに主眼を置いているように私には感じられます。

結果、「非常になめらかで、ポジションの保持時間が長い、ムーヴズ・イン・ザ・フィールドを多種多様に取り入れる」、そして「組み合わせの複雑さではなく、単体のエッジワークのクオリティ、なめらかさで魅せる」という選択をしているのでは、と。

私は一応、物書きの端くれですので、見た後で「言葉を尽くして書きたくなる・誰かと語りたくなる」プログラムはたくさんあります（もちろん、羽生結弦のプログラムにも）。その一方、見た後で「エッセイストのくせに言葉を失ってしまう」プログラムもあり、『ノッテ・ステラータ』は、私にとってそんなプログラムの筆頭格とも言える存在です。

つたないのは承知で、要素の実施順に私がため息を漏らした箇所を書いていきます。

●音楽が始まって約15秒後から始まる、左足のフォアアウトサイドエッジを使った大きなカーブ。この大きなカーブに入る直前に、インサイドエッジからアウトサイドエッジに非常にシャープにチェンジエッジしている。チェンジエッジしたあとにむしろスピードが上がること、そしてチェンジエッジしたあとの距離の出方、どちらも素晴らしい。

●ツイズルの回転の速さとスムーズさ、そしてここでも距離の出方にため息が出ます。

●腕の振りの勢いではなく、筋力のみで見事な背中のアーチを作る、レイバックイナバウアーの完成度。

●両足ともバックインサイドにして、上体を斜め後ろにひねった状態でカーブを描くムーヴのバリエーション。私はこのムーヴが大好物でして、ミシェル・クワンの１９９７年世界選手権のフリー（Michelle Kwan 1997 Worlds FS）は、このムーヴが見たくてリピートしているくらいです（トリプルフリップの着氷後です）。

●それぞれに美しいポジションでおこなうコンビネーションスピン。ビールマンスピンに行く直前のキャッチフットの際に、グッと回転速度が上がるのが好きです。

フリーでは外していたビールマンスピン。それは「万全ではない状態で体に無理を強いるポジションのスピンを入れるより、少しでも負担を減らし、４分半という演技全体のクオリティを上げることを目指す」という理由ではないだろうか、と思っているのですが、このエキシビションでは入れてきました。もしかしたら、金メダルを獲得できた安心感もあったのかもしれません。

●非常に距離の長いハイドロブレーディング。競技プログラムではさまざまな要素を配置していかなくてはいけませんので、ここまでたっぷり時間をとった距離の長いハイドロブレーディングを見られるのはエキシビションならではの喜びです。

●そしてそこから、ほとんど間髪入れずに、「左足をフォアエッジにしたインサイドのイーグル」→「ターンをはさんで、右足をフォアエッジにしたインサイドのイーグル」→「またターンをはさんで、もう1度左足をフォアエッジにしたインサイドのイーグル」へとつないでいく。そのなめらかさと、足の開き方の厳密さ。

●シットポジションのツイズルとインサイドのイナバウアーの組み合わせの妙。距離の長いハイドロブレーディングと同様、この組み合わせ方も、競技プログラムで見ることは難しいだけに、エキシビションで披露してもらう喜びがあります。

●ディレイのシングルアクセルの大きさ！　このジャンプのための助走が、次のトリプルアクセルのための助走よりも明らかに長いのは、いかにこのジャンプをドラマティックに見せようとしているかの表れだと思います。

●トリプルアクセルに入る前にターンの連続を入れ、着氷後にもただちにツイズルへとつなげるテクニック。ジャンプに入る前のトランジションは、平昌オリンピックのエキシビションからこのターンを組み入れたのではないかと思います（少なくとも、2017年のロシア大会のエキシビションでは入れていませんでした）。跳ぶ前も着氷した後も、そのトランジションにいったいどれだけのバリエーションを持っているのでしょうか。

●ラストのスピン。キャメルポジションのまま上体を天井のほうにそらしていくポーズ。これだけでも難しいポジションなのですが、さらにひざを曲げて回転をキープします。「軸足のひざを途中で曲げていく」ということは、「回転しながら『体重をかけるポイント』を意識的にずらしていく」ということです。つまり回転が乱れるリスクが飛躍的に上がってしまう。

ベーシックなキャメルスピンでこのポジションの変化を取り入れるのは、伊藤みどりもさまざまなプログラムで披露していますが、難しいポジションによるキャメルスピンの間でこれを入れてくるとは……！

そして、こういった「スケート」を実施している間、上半身、特にアームは、一本芯が入ったようなしなやかさ、たおやかさをキープしたままになっている。このプログラムを見て「白鳥そのもの」というご感想を持つ方が多いのも当然と思わせるのは、このアームの美しさも要因のひとつではないかと思います。

学術的にはなんの根拠もないこと、迷信と言ってもいいのですが、私は、「白鳥は、舞い降りるにふさわしい場所を選んで降りてくる」と思っています。日本にも白鳥が飛来してくるスポットがいくつもありますが、私が過去に訪れた場所はどこも、白鳥にふさわしい、空気と水が美しいところです。

私がフィギュアスケートを観戦しながらこの言葉が初めて頭に浮かんだのは、オクサナ・バイウルのリレハンメルオリンピックのエキシビション（Oksana Baiul 1994 Olympics EX）でした。バレエ『瀕死の白鳥』の世界観にかなり忠実にのっとった、のちにジョニー・ウィアーにも多大な影響を与えた名プログラムです。

第2章でも述べますが、ジョニー・ウィアーも羽生結弦に大きなインスピレーションを与えた存在であることはよく知られています。ウィアーの、トリノオリンピックのショートプログラム（Johnny Weir 2006 Olympics SP）も素晴らしいものでした。

平昌にも、新しい白鳥が降りてきた。

自然にそう感じられたことが、私には何よりも嬉しかったのです。

2018年平昌オリンピックのペア&アイスダンスを振り返る

ここからは、羽生結弦以外の素晴らしいスケーターたちのことも語らせてください。

平昌オリンピックのフィギュアスケートは、男子シングル、女子シングル、ペアスケーティング、アイスダンスの4種目のどれもが、本当に奇跡的とも言える素晴らしさでした。

まずはペアから。

金メダルを獲得したアリオナ・サフチェンコ&ブルーノ・マッソは、ショートプログラムでのミス（ふたりそれぞれが同じジャンプを跳ぶ「ソロジャンプ」のトリプルサルコーで、マッソのジャンプが2回転になった）で4位からスタート。しかしフリー（Aljona Savchenko & Bruno Massot 2018 Olympics FS）で大逆転。優勝したフリーの演技を、私はソウルのホテルのテレビで見ていました。

最初の要素である、トリプルのツイストリフト（女性を頭上に投げて回転させる）の圧倒的な高さ。スローのトリプルフリップで、女性をスローする（投げる）瞬間も、男性が「力」を重視しているのではなく、「タイミング」と「流れ」を重視していることがわかります。「スローの際、男性が前につんのめるような体勢になる」瞬間がほとんど見られませんでした。

好みの問題かもしれませんが、私はこういった「スローする瞬間およびスローした後も、男性のスケートに流れがある」ものがとても好きです。

女性を頭上に持ち上げたまま男性が滑るリフトのなめらかさ。コレオシークエンスの中の、マッソがサフチェンコを抱えて片足で滑っていく場面。片足に自分の体重以上の負荷がかかるのに、エッジは糸を引くようにクリアなままで、スピードもまったく落ちない。素晴らしいコントロール能力にうなるばかりでした。

韓国語はわからないのですが、実況陣の興奮の度合いがエレメンツをこなすごとに上がっていったのがはっきりわかりました。

2位のウェンジン・スイ（隋文静《ずいぶんせい》）&ツォン・ハン（韓聰《かんそう》）のペア。ショートプログラム（Wenjing Sui & Cong Han 2018 Olympics SP）の素晴らしい出来！　欧米のペア男性スケーターと比べて明らかに体格的なハンデがあるはずのハンの、どこにあれだけのパワーがあるのか、見るたびに驚嘆するペアです。演技全体はもちろん、技に入る瞬間のスピードも超一級品です。

3位はメーガン・デュハメル&エリック・ラドフォード。フリー（Meagan Duhamel & Eric Radford 2018 Olympics FS）で見せた、スローの4回転サルコーの見事さといったら！　また、トリプルサルコーからの3連続ジャンプの、踏み切りから空中での回転の同調性、ランディングの流れや姿勢までをピッタリとそろえてくるのに目を見張りました。

最後の競技者であるエフゲニア・タラソワ&ウラジミール・モロゾフ組の得点が出て、優勝が決まったサフチェンコとマッソが号泣する姿に、私もホテルでもらい泣きをしていました。点差が1点未満の大接戦の末に2位になったスイ&ハン組、そしてデュハメル&ラドフォード組が、健闘をたたえ合って祝福のハグを交わすハートウォーミングな光景に、さらにもらい泣きをしてしまいました。

日本から出場した須崎海羽《みう》&木原龍一のショートプログラムは、人気アニメ『ユーリ!!! on ICE』の曲にのせた、本当に素敵なプログラムでした。

須崎も木原もシングルスケーター出身です。ペアに転向したのは、須崎が2015〜16年シーズン、木原が2013〜14年シーズンからです。

シングルとペアのいちばんの違いは、「パートナーと一緒になって演技をしなくてはいけない」ということ。当たり前すぎるくらい当たり前のことを言っていると思った方もいらっしゃるかもしれませんが、私はこれがいちばん難しいことだと思っています。

ペアのもっとも大きな醍醐《だいごみ》味は「ユニゾン」だと私は思っています。いちばん大きな醍醐味であるがゆえに、いちばん難しいのが「パートナーとピッタリそろった演技をすること」だと思うのです。

氷を進むスピード、一歩一歩の大きさは個人個人で違います。それぞれの骨格のバランスや柔軟性の違いから、いちばん自然に腕を広げられるポーズも、いちばん自然に足が上がる高さなども違います。ましてや女性と男性です。体格も筋肉のつき方もまるで違うのですから、「ピッタリそろえる」こと自体、そもそも奇跡的なのです。

ペア（アイスダンスもですが）は、そんな大きなハードルを超えた選手たちが、

「同じスピンを同じスピードで回る」

「ふたり一緒になって独創的なスピンを回る」

「同じジャンプを同じタイミングで跳び、着氷の姿勢までそろえる」

「男性が女性をスローして、女性が空中で回転して片足で着氷する」

「男性が女性を高くリフトした状態のまま滑っていく」

といった、目もくらむような技を入れていきます。


シングルスケーターとして求められている資質と、ペアスケーターとして求められている資質は違います。男性は、女性をスムーズにスローしたりリフトしたりする筋力が必要ですし、リフトした状態（自分の体重以上の負荷がかかるとき）でもスムーズに滑ることができる能力が必要になります。

女性は、自分自身がつけた勢い以外の力でスローされたときに空中で軸を整える能力や、不安定な体勢から自分自身の身長よりもはるかに高いところに持ち上げられてもバランスを失わずに演技を続けていく能力が求められているのです。

加えて、ペアスケーティングは練習スペースの確保も難しいもの。スローやリフトなど

のアクロバティックな要素を練習するときは、接触事故のリスクを避けるために周りに人がいないことが絶対条件です。しかしシングルスケーターたちでさえ練習場所の確保に苦労している日本の現状では、それは大変重い課題となってのしかかっています。

そんな困難な状況でもトレーニングを続け、あの大舞台で素敵な演技を見せてくれた須崎&木原ペアには感謝しかありません。


アイスダンスは、なんと形容すればいいのか……。

勝負の世界に身を置き、その世界のルールを受け入れ、正々堂々と競い合っている選手たちに対しては失礼な表現になるかもしれませんが、

「金メダルが2組分あったら、どんなによかったか」

と思うほどに、濃密な幸福に満たされた時間でした。

優勝したテッサ・ヴァーチュ&スコット・モイアー、2位のガブリエラ・パパダキス&ギヨーム・シゼロン。どちらも、ただただ美しかった。

英語で beyond description とか beyond words という表現があります。「筆舌に尽くしがたい」とか「言葉を超えるほどの素晴らしさ」と訳せばいいでしょうか。

スケーティングの一歩一歩の大きさとなめらかさ、そしてスピード。

「いつ、どんなふうにエッジが切り替わったのか」が初見ではつかみきれないほど、複雑で目まぐるしい。そしてその複雑なエッジワークは、どこまでも鮮やかなのです。

パッションの中に精緻さを込めたヴァーチュ&モイアーのフリー（Tessa Virtue & Scott Moir 2018 Olympics FD）、そして静謐《せいひつ》さの中にパッションを込めたパパダキス&シゼロンのフリー（Gabriella Papadakis & Guillaume Cizeron 2018 Olympics FD）。

どちらも「永遠に見ていたい」珠玉の演技でした。

村元哉中《かな》&クリス・リードは、ひとつひとつのエッジワークを大切に、心から楽しんで要素を実施していることが手に取るように伝わってきました。ショートダンスからあふれ出ていたパッションも、フリーダンスからにじみ出ていた品のある美しさも、どちらも心から楽しめました。

物書きの端くれとして、この本でもあいまいな表現はなるべく避けるようにしたいと思っていますし、あいまいな概念をスポーツ選手のいちばんの魅力として挙げてはいけないとも思いますが、村元にもリードにも備わっている「華」は大舞台になればなるほど輝くような気がしました。

「フランスの」というよりは「世界の」という枕詞《まくらことば》をつけたい大女優、カトリーヌ・ドヌーヴ。ドヌーヴが1960年代に主演した『シェルブールの雨傘』というミュージカル映画は、多くのフィギュアスケーターがプログラムに使用しています。演技部分と歌って踊る部分が分かれている作品ではなく、なんとセリフ部分にすべてメロディがついている作品。キュートで美しく、エレガントなのに、悲劇。戦争の愚かしさが市井の人々にまで悲劇を生んでしまうことを描いた反戦映画でもあります。

そのドヌーヴが「大女優にもっとも必要なものは演技力か」と質問されたときに、

「存在感。演技力は副次的なものです」

と答えたエピソードが私はとても印象に残っています。

村元&リードの演技を見ながら、私はこのドヌーヴの受け答えを思い出していたのです。

平昌オリンピックが終わり、ペアを解消した村元&リードですが、それぞれの個性や持ち味がいきるパートナーに再び出会えることを心から祈っています。

2018年平昌オリンピックの男子シングルを振り返る

「(男子シングルが開催された) 2日間に平昌の舞台で起こったすべてを、この目で見られたことは、私にとってこれ以上ない宝物になった」

と先ほど書きましたが、誇張はありません。参加した選手全員の演技について語りたいほどなのですが、ここでは絞りに絞って振り返ることをお許しください。

男子シングル

◆宇野昌磨(銀メダル)

ショートプログラム(2018 Olympics SP)はビバルディの『四季』より『冬』。フリー(2018 Olympics FS)はプッチーニの『トゥーランドット』。

平昌における宇野昌磨の調子は、必ずしも絶好調とは言えなかったのではないかと私は思っています。4回転ジャンプやトリプルアクセルなどの高難度のジャンプで、空中での回転軸が傾いてヒヤリとしたり、着氷後のフロー(流れ)もやや詰まったり……。そんなシーンが何度か見られました。

これは決して苦言を呈したいわけではありません。むしろ逆です。「自分にとっての100％のジャンプ」の感覚をつかみきれないままであっても、ほとんどすべてのジャンプを「まとめて」みせた。そのとっさの修正能力やギリギリのところでこらえる能力に、大きな拍手を送っていたのです。

ショートプログラムとフリーを通して、失敗してしまったのは、フリー冒頭の4回転ループの転倒だけではないでしょうか。

「あの大舞台で、しかもピーキングに完全に成功したとは言い切れないコンディションで、あそこまで自分の演技を引き上げることができるなんて！」

私はそんなふうに感動していたのです。

個人戦に先駆けて開催された団体戦の男子シングルのショートプログラムでも、有力選手にミスが相次いだ中で、唯一の100点超え。この大会で私は、「メンタルの強さ」だけでは説明がつかないほどの宇野の強靭《きょうじん》さを感じていました。

ジュニアのころから折り紙付きのミュージカリティの高さは、もちろん健在。むしろ、さらに磨きがかかっています。

肩の付け根から大きく動くアームは、指先までしっかりとした芯が入ったように、しなやかでエレガント。いつも演技が始まった瞬間に、宇野昌磨の体がグッと大きくなったように感じられるのは、このアームの使い方にも要因があると私は思っています。それが曲の音符とからみあうエッジワークに、さらなるドラマ性を加味していました。

宇野だけではなく、平昌オリンピック後も競技を続けてくれる男子シングル、女子シングルの選手たちが多いことも、スケートファンには嬉しい限り。そんな選手たちの「いま」は、第3章で詳述したいと思います。

◆ハビエル・フェルナンデス（銅メダル）

スピード豊かな歯切れのよいスケーティングそのもので、端正で力強く、かつ洒脱《しやだつ》な味わいを醸し出せるフェルナンデス。

ショートプログラム（Javier Fernandez 2018 Olympics SP）の『チャップリンメドレー』もフリー（2018 Olympics FS）の『ラ・マンチャの男』も、どちらも素晴らしいプログラムですが、共通するのは「小粋さ」でしょう。

ショートプログラムはチャップリンのイメージに寄り添うような、ペーソスのある小粋さ。フリーは『ラ・マンチャの男』（およびこのミュージカル作品のベースになっているセルバンテスの小説『ドン・キホーテ』）の世界観に沿った、向こう見ずなほどの力にあふれた騎士道精神の中に潜む小粋さ。その両方を強く感じました。

もちろん、フェルナンデスを世界のトップグループのひとりに押し上げたジャンプの能力も堪能《たんのう》しました。ショートプログラムもフリーも、あまりにスムーズであるために、右足と左足を目まぐるしく踏み替えていることを忘れそうになる、4回転サルコー前のトランジション。絶品中の絶品です。

ショートプログラムの、トリプルアクセルから足替えのシットスピンまでの、「これ以上厳密にエッジワークで音をからめとっていくのは無理なのでは」と思うほどのトランジションに目を見張りました。

フリーは、4回転サルコーの後にトリプルトウのコンビネーションジャンプにする予定が、サルコーの着氷がややこらえた形になったため、とっさにダブルトウに。しかしすぐに、アームのポジションが印象的なスピード豊かなイーグルからトリプルアクセル、そしてトリプルトウのコンビネーションへ。この見事なリカバリー！

高い技術があるからこそ可能なプログラム。それを技術ばかりが目立つようには決してしない完成度にまで作り込む。世界のトップ中のトップにいる選手たちに共通することですが、この境地に達するためには、いったいどれほどのトレーニングを積めばいいのだろう……。気が遠くなる思いです。

世界選手権で2度の優勝経験を持つ押しも押されもせぬ名選手・フェルナンデスに、オリンピックのメダルがわたって本当によかった。

◆ボーヤン・ジン（4位）

ボーヤン・ジン（金博洋《きんはくよう》）は前シーズンにあたる2016～17年シーズンも、2017～18年シーズンも、シーズン序盤は決して万全の調子とは言えませんでした。

男子シングルにおける「高難度ジャンプ時代」の扉を開いたひとりであるはずのボーヤンのジャンプが決まらない。非常に厳しく苦しい時間を過ごしてきました。

ただ、私は『羽生結弦は助走をしない』の中で、「2016～17年シーズンは、世界選手権にきっちり調子を合わせてきた。その能力が平昌シーズンも発揮されれば、メダルに手が届く可能性も充分あると思う」という内容のことを書き記しています。

そしてボーヤンの平昌オリンピックは、本当に素晴らしかったと断言したい。

ショートプログラム（Boyang Jin 2018 Olympics SP）は、激しい打楽器のリズムに乗せたエネルギッシュな作品。フリー（2018 Olympics FS）はホルストの『火星（『組曲　惑星』より）』、その中に『スター・ウォーズ』のカンティーナ・バンドの曲が差し込まれた構成です。フリーは、『火星』の重厚な曲調とカンティーナ・バンドのチャールストン風の軽快な音楽のバランスが、やや極端かなと懸念していました。ひとつのプログラムの中で融合させるのは、非常に難しかったと思います。

平昌オリンピックのボーヤンの出来栄えは、グランプリシリーズ初戦の２０１７年スケートアメリカの出来栄えと比べると、ショートプログラムもフリーも「別人レベル」で飛躍を遂げていました。フリーで懸念していた曲想の展開も、チャールストン風の曲の部分を非常にキュートに仕上げてきていました。

単に「すさまじい能力を持つジャンパー」ではなく、「曲を体に取り込みながら演技をするスケーター」という面でも格段の進歩を見せていることが、一観客としてとても嬉しかったのです。

フリーの演技順は羽生・宇野・フェルナンデスよりも先だったボーヤン・ジン。得点が表示され暫定の1位になったとき、顔を覆って泣き出した姿が、会場の大型スクリーンに映し出されました。

「ああ、どれほどのプレッシャーの中で、これだけの演技をしていたのだろう」と、こちらの涙腺もゆるんでしまったのを覚えています。

後日、この涙が「満足な食事もできないほどの切り詰め方をしてまでボーヤンをバックアップし、会場に入れなかったとしても全試合、同じ街に来てくれる母親を思ってのもの」だと知り、さらに涙腺がゆるんでしまったのです。

◆ネイサン・チェン（5位）

現在の男子シングルの選手で、バレエの基礎をもっとも厳密に叩き込んでいるスケーターだと思います。加えて、圧倒的ともいえるジャンプの能力。そのふたつが融合したショートプログラムの『ネメシス』は、本来「傑作」のカテゴリーに入れるべき素晴らしいプログラムです。

しかし、録画で残している平昌オリンピックのショートプログラムの『ネメシス』を、私はなかなか見返すことができません。誰よりも本人がつらいことは想像がついてしまうからです。

メンタルコントロールの問題として片づけてしまうのはあまりにもたやすい。

ですから、私は次のようにとらえたいと思います。

「『確実にノーミスで実施できる』というレベルの難易度のプログラムでは、メダル候補にすらなれない。だからこそ、トップのスケーターたちは誰もが自分の能力の『マックス』に挑戦するプログラムを組んでくる。高難度のジャンプが成功するか否かは、もしかしたら100分の1秒単位の『何かしらの違い』が分けるのかもしれない」

ただ、フリー（Nathan Chen 2018 Olympics FS）の『小さな村の小さなダンサー』（原題は『Mao's Last Dancer』）は何度も何度も見返しています。

壮絶なプレッシャーから、ほどよく緊張が抜けた状態になったのでしょうか。それとも意地や気合い、ある種の開き直りが、プレッシャーを凌駕《りょうが》したのでしょうか。6度の4回転ジャンプのうち、ふたつめの4回転フリップの着氷時に手をついた以外はすべて成功。フリーの順位は1位。ショートプログラムの17位から総合5位にまで上げてきました。

「たられば」を言い出したらキリがなくなります。そもそも「たられば」には、それを口にした人の願望が色濃く反映されているもの。ですから私は「ショートプログラムの出来がよかったら……」という仮定はしたくありません。

それをしてしまえば、「羽生結弦がケガをしていなかったら」とか「ハビエル・フェルナンデスのフリー、ふたつめの4回転サルコーが2回転になっていなかったら」といった仮定もすべて成立してしまいます。

むしろそういった仮定は選手たちに失礼でさえある、と私は思っているのです。

ただし、「実際に起きたこと」をベースに、自分なりの考察はしたい。

ネイサン・チェンが平昌オリンピックで「落胆」と「歓喜」の両極を経験したことは、翌月に開催された世界選手権にも大きな影響を及ぼしたのではないか。ネイサンがさらなる高みに到達するための、大きな要因だったのではないか、と感じています。

ソチオリンピックの女子シングルのフリーで、観客全員の魂を丸ごと持っていくような演技をした浅田真央が、その翌月の世界選手権で3度目の世界女王に輝いたように……。

2006年トリノオリンピックの男子シングルのショートプログラムで2度のジャンプミスをして10位に沈んだ後、素晴らしいフリーで巻き返して総合4位にまで順位を上げたエヴァン・ライサチェクが、2009年の世界選手権と2010年のバンクーバーオリンピックで金メダルを獲得したように……。

いずれにしても、ネイサンも最後は納得の表情で平昌の舞台で滑り終わることができたことが、私には本当に嬉しかったのです。

◆田中刑事（18位）

もしかしたら、本人の中では納得がいっていない大会だったかもしれません。団体戦のフリーは、見ているこちらにまではっきりと緊張が伝わってくるようでした。

しかし個人戦では吹っ切れたのでしょうか、見違えるように動きがよくなったように私には感じられたのです。

イタリアの伝説的な映画監督、フェデリコ・フェリーニの『フェリーニのアマルコルド』『カビリアの夜』『8½』で使われた曲をメドレー形式にした田中刑事のフリーが、私は大好きです。

劇的な曲の力を借りて演技にドラマ性を加味することよりも、コミカルな曲の奥にある「洗練」を引き出すことのほうが、はるかに難しい。私はそう思っています。

田中刑事にはそれができる力があり、彼のフリーはそれができるだけのクオリティがあったと、強く信じています。

個人戦のフリーが終わった後のインタビューで、反省の弁を述べながらも、

「これは一生の宝。今後どんな試合に出ても、この気持ち、この緊張感は宝になると思い

ます」

と語った田中刑事に大きな拍手を送りたいと思います。

あとふたりだけ、どうしても語りたい人を……。

4回転ルッツとトリプルトウのコンビネーション、4回転トウ、トリプルアクセルをほぼ完璧に決めるショートプログラムを披露し、フリーの最終グループに入った最終7位のドミトリー・アリエフ（Dmitri Aliev 2018 Olympics SP）も強く印象に残っています。

そして、パトリック・チャン（9位）。団体戦の優勝で「オリンピックの金メダリスト」という肩書きが加わったことが本当に、本当に嬉しかった。ジャンプにいくつかミスは出ましたが、「そのスケーティングを永遠に見ていたい」と思わせてくれる稀有《けう》なスケーターであることは間違いありません。

スピード、シャープさ、複雑さ、明快さ、重厚感があるのにエフォートレス、パワフルなのにエレガンス。不思議なことに、そのすべてがパトリック・チャンのスケーティングにはあるのです。

女子シングル

◆アリーナ・ザギトワ（金メダル）

2017～18年の平昌シーズンがシニアデビュー。「フィギュアスケートはそもそもスポーツである」ということを誰よりも強烈に、言葉ではなく演技そのもので表現できる選手だなあと感じ入るばかりです。

ショートプログラム（Alina Zagitova 2018 Olympics SP）もフリー（2018 Olympics FS）も、ジャンプの得点が基礎点の1・1倍になる演技後半にすべての要素を入れてくるという、大変に野心的な構成。固め打ちをしている分、トランジションがややおろそかになるかと思えば、まったくそんなことはありません。

例えば、トリプルルッツを跳ぶ前。左足のバックエッジが1度大きくインサイドに倒れてカーブを描き、それが今度はバックサイドへと急激にチェンジエッジする。この一連の動きで、非常になめらかで大きな「S字」を氷上に描いてみせます。エッジが弦楽器の弓になって、氷の上で音を奏でているような素晴らしさ。そして、バックアウトサイドエッジに乗ったところで、非常にシャープなジャンプを跳んでみせるのです。

このトリプルルッツにコンビネーションでつなげるのは、トリプルループ。ルッツの着氷によほど自信がないと、このループジャンプをつなげることはできません。

コンビネーションジャンプは、どうしても2番めのジャンプのほうが小さくなってしまうもの。しかしザギトワのトリプルループは、回転不足など取りようがないほど、ピタッと3回転回りきって降りてくる。「難しいことを、正確に」ということに関して、頭ひとつ抜けていたなあと感嘆しました。

特にフリーは、後半に7つのジャンプの要素をすべて入れたうえで、しかもトランジションもしっかり組み込んでいるので助走らしい助走がほとんどありません。

フリー最初のジャンプの要素、トリプルルッツ+トリプルループのコンビネーションジャンプは、ルッツの着氷が少し乱れたので瞬時の判断でコンビネーションジャンプにすることを止《や》め、2回めのルッツジャンプのほうにトリプルループをつけました。

非常に高難度な構成であっても、瞬時のリカバリーも見事。ジュニアからシニアにデビューしたシーズンで、この判断力と強さが備わっているのは、やはり特筆すべきでしょう。

まだ15歳でこのプログラムを滑りきったことにも驚きますが、さらに驚くのは「いちばんのピークをきっちりオリンピックに合わせた」ということ。シーズン序盤はミスもけっこうあったのです（プログラムの密度と年齢のバランスを考えれば、むしろ「ミスが出る」ということのほうが自然なくらいですが）。

ショートプログラムの曲は、主だったところを映画『ブラック・スワン』から、ステップシークエンスのところだけ、映画『ムーンライト』の曲を使用しています。

映画『ブラック・スワン』は『白鳥の湖』の主役を任されることになったバレリーナが主人公。白鳥と黒鳥、極端なほどの二面性を要求される役柄に、主人公のバレリーナがとり憑《つ》かれていってしまうサイコスリラーです。ナタリー・ポートマンのすさまじいばかりの名演技が印象的でした。

ザギトワのスタートのポーズは明らかにバレエを意識したものでした。衣装は白と黒の2色使いで、白鳥が発するエレガンスと、黒鳥が発する爆発的なエネルギーがひとりの中に同居しているようなイメージを抱きました。衣装もそのイメージに合わせたのか、腕で衣装をこするたびに黒い部分が大きくなってくる仕組み。「黒い部分が増える＝黒鳥の爆発的なエネルギーがどんどん表に出てくる」という仕掛けも堪能しました。

フリーは『ドン・キホーテ』。先述したように、プログラム後半にすべてのジャンプの要素を入れ、ジャンプ前後のトランジションもおろそかにしない、恐るべき構成です。

ショートプログラム、フリーとも、有名なバレエ音楽を使っているので、ザギトワにはどうしてもバレリーナのイメージを連想します。特にフリーは、2018年12月の段階でロンドンのロイヤル・バレエのプリンシパルに名を連ねるナタリヤ・オシポワを思い出しました。オシポワがボリショイ・バレエに在籍していた時代の『ドン・キホーテ』(Natalia Osipova Don Quixote) のキトリは、その身体能力、技術力の高さに驚きを通り越して唖然《あぜん》としてしまったほど。そんな印象も、どこかザギトワに通じるところがあるように感じています。

◆エフゲニア・メドベージェワ（銀メダル）

2016年、2017年の世界選手権を連覇したメドベージェワ。コーチはザギトワと同じ、エテリ・トゥトベリーゼでした（以下、本来ならばトゥトベリーゼ氏と呼ぶべきですが、エテリ氏と呼ばせてください。また、平昌オリンピック後、メドベージェワはコーチをエテリ氏から、羽生結弦らが師事するブライアン・オーサー氏に変更し、カナダに渡りましたが、これについても第3章で詳述いたします）。

メドベージェワも、羽生と同じく、平昌シーズンはかなり深刻なケガを抱えていました。メドベージェワが右足の骨折を発表したのは2017年11月。その後のグランプリファイナルを欠場し、復帰は平昌オリンピックの約1か月前のヨーロッパ選手権でした。

話が前後してしまうことをお許しください。

ＷＯＷＯＷで、ケガのリハビリ、復帰までの日々に向き合うメドベージェワのドキュメンタリーが放映されたのは、平昌オリンピックの約2か月後、4月の下旬でした。

その中で、メドベージェワはあまりにも「リアル」な姿をオープンにしていました。

分厚いギプスで足を固定したままの姿。リンクに戻ってはきたものの、ダブルアクセルですら回転不足になり、何度も転倒する姿。かつての調子が取り戻せない焦りやもどかしさ（自分に対する怒りや、「間に合わなかったらどうしよう」という恐怖も大きかったのかもしれません）で、泣きながらリンクサイドの手すりに何度も何度も自分の頭を打ちつける姿……。

「もしかしたら、羽生結弦もこんな精神状態と戦いながら、平昌の本番までの日々を過ごしていたのかもしれない」

私はそう感じましたし、同じ番組をご覧になっていた方の中に、同じ思いをいだいた方もきっといらっしゃるでしょう。

ほとんどすべてのスケーターは、1度ならず故障に苦しんだ経験があります。

「スケーターは皆、あの番組でメドベージェワがあらわにしたような焦りやもどかしさ、怒りや恐怖と戦ってきたのだ」

そう感じたとき、私が羽生結弦やメドベージェワだけでなく、すべてのスケーターに持っている畏敬の念がさらに強くなったのです。

メドベージェワのショートプログラム（Evgenia Medvedeva 2018 Olympics SP）はショパンの『夜想曲第20番』、フリー（2018 Olympics FS）は『アンナ・カレーニナ』。ケガから復帰したのがほんの1か月前であることが信じられないほど、どちらもミスがまったくない演技でした。

コーチのエテリ氏が選手に要求するのは、「要素と要素の間のトランジションをギリギリまで詰め込む。そのうえで、音楽とエッジワークの同調を高めること」だと私は思っています。

ケガのない万全の体調であっても、ミスなく演じきることは至難の業。そんな密度の高いプログラムを、故障から復帰して間もない選手がオリンピックの大舞台でノーミスで通したのです。

あくまでも「私の感じたこと」ですが、トランジションにおける足さばきの成熟したなめらかさは、世界選手権で連覇をしていたときの、文字通り「敵なし」の状態だったメドベージェワ自身のスキルをさらに上回る素晴らしさだったと思います。ショートプログラムでは、トリプルループを跳ぶ前にも跳んだ後にも、傷めていた右足だけでものすごい距離とスピードのトランジションを入れていく。

これを見たときに、

「真摯に自分と向き合い、治療とトレーニングに向き合ってきたんだ」

と、鼻の奥がツンとしてしまうのを感じました。

フリーは、あまり耳なじみがない曲であるにもかかわらず、「曲に合わせて踊っている」のをはるかに超えて、「エッジワークが曲の旋律を奏でていく」ように感じられるほど精緻なプログラムデザイン。18歳にして驚嘆すべき成熟度です。

ショートを終わった時点で、ザギトワとメドベージェワの点差はわずか1・3点ほど。フリーの得点はふたりとも156・65点。まったくの同点でした。

フリーの演技終了後、みるみる泣き顔になったメドベージェワ。その涙が、重すぎるほど重い苦しみやプレッシャーをようやく下ろせた、解放感と安堵《あんど》ゆえの涙であったことを願うばかりです。

『羽生結弦は助走をしない』でも触れていますが、世界選手権の女子シングルで実に5度の優勝を誇る、アメリカの伝説的スケーターのミシェル・クワンは、ついにオリンピックの金メダルを獲得することはできませんでした。

自国で開催されたソルトレークシティオリンピックでは銅メダル。エキシビションでクワンが金色の衣装に身を包み（これだけでも、どれだけ期するものがあったかがわかります）、涙を流しながら演技をおこなう姿がアメリカの放送局NBCで放映されていたとき、解説のサンドラ・ベジック氏（元ペアスケーターで、現在は振付師として多くの一流選手の作品を担当しています）は言いました。

「成功というものが、常に金メダルで測られているわけではないのです」

メドベージェワの未来がどうなるか、それはわかりません。北京《ペキン》オリンピックではメドベージェワが金メダリストに輝いている可能性も、当然ゼロではありません。

確かなのは、平昌オリンピックが終わってもメドベージェワは鍛錬を続けているということだけです。せめて観客の私は、サンドラ・ベジック氏の言葉を胸に刻んで、これからのメドベージェワの演技も心から楽しみにしていようと思います。

◆ケイトリン・オズモンド（銅メダル）

オズモンドのショートプログラム（Kaetlyn Osmond 2018 Olympics SP）は、私にとって「何十回見ても飽きることがない、傑作中の傑作」です。

すぐれたスケーターは、「右足／左足」で、「フォア／バック」そして「インサイド／アウトサイド」、合計8種類のエッジを複雑に組み合わせてスケーティングをしています。そのひとつひとつのクオリティが素晴らしいこと。組み合わせ方が複雑でスムーズでスピード豊かで、だからこそ非常に難しく美しいこと。

私がジャンプやスピン以外のところで楽しみにしているのは、まさにこの部分です。ですから私にとって、スケーターたちの演技は「1秒の隙間もないほど、見どころにあふれている」わけです。

『羽生結弦は助走をしない』にて詳述していますが、オズモンドのショートプログラムもそんな傑作の中に間違いなく入っています。

フリーの『ブラック・スワン』（2018 Olympics FS）は、ミスを最小限に抑えました。オズモンドのように、ハイスピードで雄大なジャンプを跳ぶ選手は、成功すれば非常に大きな加点を得ることができます。しかしその分、ジャンプの踏み切りのタイミングや、着氷姿勢をキープすることも難しくなると私は思っています。そのため、フリーでは「ひとつのミスが次のミスを呼び込む」というケースがオズモンドにはあったのですが、オリンピックという大舞台であのクオリティの演技を完遂できたのですから、もう拍手するしかありません。

◆宮原知子《さとこ》（4位）

美しかった……。

ショートプログラムは映画『SAYURI』のサウンドトラック、フリーは『蝶々夫人《ちょうちょうふじん》』。どちらも「和」のテイストを色濃く反映させています。

私はかつて宮原知子について、

「演技のスタートから終わりまでを連続写真で撮っていくとして、その中に美しくない瞬間は1枚もないはず。エレガンスの密度がものすごく高い」

という発言をしたことがあります。

「エレガンスの密度が高い」という言葉はジョニー・ウィアーの演技を初めて見たときに

浮かんできたのですが、女子シングルの選手でこの言葉が浮かんだ初めての選手が宮原なのです。

ショートプログラムの『ＳＡＹＵＲＩ』（2018 Olympics SP）は、前半のたおやかさと、ステップシークエンスの激しさのコントラストが素晴らしい。ラストにかけての盛り上がりは、欧米圏の人々にとっては神秘的かつゴージャスなアジアの魅力そのものに映ったと確信しています。

フリーの『蝶々夫人』（2018 Olympics FS）は、世界的に見て『トゥーランドット』と並ぶ、アジアを舞台にした超有名なオペラ作品です。

私にとって、フィギュアスケートにおける『蝶々夫人』は、浅田真央や荒川静香、プロに転向してからのクリスティ・ヤマグチなど、アジア系の選手たちによる素晴らしいパフォーマンスが強い印象を残しています。それらは、あの有名なアリア『ある晴れた日に』を中心に曲を編集したものです。

それに対して宮原（および宮原のチーム）は、『蝶々夫人』のストーリーそのものを4分間で演じるようにプログラムを組んできたように思います。

「こんなに『蝶々夫人』の物語の起承転結がくっきり感じられるプログラムを、フィギュアスケートで見せてもらえたのは初めてかもしれない」と私の友人は言いましたが、私もまったく同感です。

細やかな感情の変遷は、上半身、特にアームのしなやかな動きで表現される。そして、蝶々さんの一途《いちず》な感情、ひたむきで激しい愛の強さは、スピードと鋭さが増したスケーティングで表現される。このメリハリ！

宮原の「どんどんスピードが増していくスケーティング」は、これまでも彼女の見どころのひとつでしたが、それもさらなる進化を遂げていたのです。

宮原は、2016～17年シーズンの終盤、疲労骨折が判明し、2017年2月の四大陸選手権と3月の世界選手権を欠場しました。平昌シーズンの序盤はリハビリからのスタート、という苦しい時期を過ごしました。しかし、リハビリを通して、宮原が筋力トレーニングに力を注いでいたことは明白でした。

「向上した筋肉の力を、いかにコントロールして、エッジワークへ反映させていくか」というテーマに真摯に取り組んでいたことがわかる演技を、平昌で見せてくれたのです。

また、平昌オリンピックの初戦となった、団体戦のショートプログラムは、コンビネーションジャンプで回転不足をとられましたが、個人戦ではショートプログラム、フリーとも見事に修正してきました。この修正能力、そしてそれを可能にする「冷静に、コツコツと積み上げていく力。それを本番で発揮する力」にも大きな感動を覚えました。

◆**カロリーナ・コストナー（5位）**

トリノから、実にオリンピックだけで4度目の出場となったコストナー。

「そのスケーティングを競技会で見せてもらえるだけでありがたい」

という現役選手は何人もいますが、「女子シングルでその筆頭格は」と訊《き》かれたら、私は迷いなくコストナーの名前を挙げます。

スピード豊か、なめらか、クリア、複雑、氷を削って進んでいることを忘れてしまう、雲の上を滑るよう……。

スケーティングの美しさを形容する言葉を思いつく限り列挙して、それを全部コストナーにあてはめても、まだ言葉が足りない。私にとってコストナーはそういう存在です。雑味や曇りを極限まで取り払った「ピュア」なスケーティングは「世界の宝」。ジャンプにミスはありましたが、それは大きな問題ではなかったと断言させてください。

フリーの『牧神の午後への前奏曲』（Carolina Kostner 2018 Olympics FS）は、私にとってのスケーティングの女神のひとり・佐藤有香がプロの競技会で披露したプログラム（Yuka Sato 2000 Afternoon of a Faun）がいまだに強い印象を残しています。

「天からの旋律かもしれない」と錯覚するほどの繊細な曲にマッチするスケーティングを、オリンピックという舞台で見せてくれたことに心から感謝しています。

◆坂本花織《かおり》（6位）

目を見張るジャンプの高さ。私は伊藤みどりをミューズのように崇《あが》めているのですが、伊藤みどりを彷彿《ほうふつ》させる切れ味とダイナミックさを久しぶりに堪能させてもらえる喜びがあります。

ショートプログラム（2018 Olympics SP）、ベートーベンの『月光』は素晴らしかった。コンビネーションジャンプの大きさと流れはもちろんですが、単独ジャンプのトリプルループの素晴らしさといったら！　速いターンの中でいつの間にかスッと空中に浮かんでいるような踏み切り。空中での回転の速さと軸の確かさ。そして空中での体の引き締めは、両方のひざから足首までがピタッとそろった美しさではっきりわかる。着氷した後に、その流れにスッとスピードが加わることで雄大さも生まれる。何十回繰り返し見ても飽きないほどのクオリティでした。

また、特筆したいのは、「一戦一戦、上半身の動きが洗練されてきている」こと。上半身の振り付けが、もともとの持ち味であるダイナミックなスケーティングと融合するようになってきたのです。平昌シーズンのグランプリシリーズ初戦となった2017年ロシア大会と比較しても、まるで別人のように洗練されてきました。

「どんなジャンプをしたか、どんなスピンをしたか」という観点ではなく、「どんな演技、パフォーマンスをしたか」という観点で見ると、これは非常に大きなことだと思います。この伸びしろの大きさにますます期待をしたくなりました。

17歳でオリンピックを経験した坂本にとって、平昌は「ゴール」ではなく「ゴールへのステップボード」のはず。この先が楽しみでなりません。

オリンピック連覇の、「その先」へ

オリンピック連覇を果たした日、羽生結弦はテレビ各局がオリンピック会場近くに特設したスタジオでインタビューを受けていました。

その中のひとつに、くりぃむしちゅーの上田晋也氏がキャスターを務めていたオリンピック特番がありました。宇野昌磨とふたりでスタジオを訪問し、リラックスした状態で上田氏と交わされたやりとりは非常に楽しいものでした。

その番組中、上田氏が、

「正直そんなにいい状態ではなかったわけでしょう?」

と羽生結弦に問いかけました。羽生はその質問が終わるか終わらないかのうちに、

「いい状態ではないです」

と答え、

「いつぐらいに『よっしゃ、間に合った』と思われました?」

という質問にも、

「間に合ったとは一個も思ってないですね」

と即答していました。

私はそのやりとりを聞きながら、

「そこまでの思いで立った舞台が無事に終わったのだから、しばらくは羽を休める時間にあててほしいなあ」

と感じるばかりでした。

オリンピックの男子シングルが終わって約2か月後、4月13日から15日までアイスショー「Continues ~ with Wings ~」(コンティニューズ・ウィズ・ウィングス/以下コンティニュー)が開催されました。

羽生自らがプロデュースしたこの公演は、羽生に大きな影響を与えたエフゲニー・プルシェンコやジョニー・ウィアー、羽生の2018~19年シーズンのショートプログラム『Otonal』をはじめ『バラード第1番』『パリの散歩道』など、数々のプログラムの振り付けを手掛けたジェフリー・バトル、羽生の2018~19年シーズンのフリー『Origin』をはじめ『SEIMEI』『Hope & Legacy』などの振り付けを手掛けたシェイ=リーン・ボーンなどもスケーターとして出演しています。

公演の詳細が発表されたときは、羽生結弦はリハビリ中のためにスケーティングによる出演はないことがあらかじめアナウンスされていました。

「治りきっていない足でジャンプを跳ぶことだけは、自分自身のために控えてほしい」とずっと思っていましたから、心からホッとしたことを覚えています。

「コンティニュー」が開催されていた時期、私は体調の問題で入院していましたので、後日テレビ放送されたものを見ました。

公演の最後に、羽生結弦はサプライズ企画を用意していました。

過去に自分が演じたプログラムを1回の公演ごとに3つ選び、会場の大型スクリーンに当時の演技映像を流した後、そのプログラムの曲を流して演技を披露したのです。

もちろんジャンプは跳ばず、スケーティングが中心でしたが、羽生結弦の歴史を見るような、それはとても素敵なものでした。


初日は、まだ羽生結弦がノービスだったころ、2004~05年シーズンから2005~06年シーズンのフリー『ロシアより愛をこめて』と、シニアデビューを果たした2010~11年シーズンのフリー『ツィゴイネルワイゼン』、そして平昌オリンピックでも世界を圧倒したショートプログラム、ショパンの『バラード第1番』。

二日めは、2009~10年シーズンのショートプログラム『ミッション・インポッシブル2』、2011~12年シーズンのショートプログラム、スクリャービンの『悲愴《ひそう》』、そして2012~13年シーズンと2013~14年シーズンのショートプログラム『パリの散歩道』(ステップシークエンスの部分はジェフ・ヒーリー・バンドの『Hoochie Coochie

三日めは、2007~08年シーズンのショートプログラム『シング・シング・シング』、2011~12年シーズンのフリー『ロミオとジュリエット』、そして2015~16年シーズンと、2017~18年シーズンのフリー『SEIMEI』。

披露する前に、羽生は会場のお客さんに向けて「ステップやスピンは痛みなくできる」と説明してから演技に入っていました。

私自身が療養中だったせいもありますが、羽生結弦が、自分の体のこともお客さんのことも両方大切にしようとしている誠実さが感じられたものです。

また、過去の演技映像と現在のエッジワークを同時に見られるとあって、「ポテンシャルがコスチュームを着て滑っている」と形容したくなるような『昔』と、ひとつの完成型としての『現在』、そのどちらも楽しめたことも「ツボ」でした。

「その人の段階的な、かつ飛躍的な成長を見られる」ことは大きな喜びです。

間近で見ても、遠目で見ても素晴らしいスケーティング

平昌オリンピック開幕直前、あるラジオ番組にお招きいただきました。その番組の中で、私はこんなことをお話ししました。

「羽生結弦のスケーティングは、点描という技法を確立した画家、ジョルジュ・スーラの作品を思わせる」

スーラの絵画は、間近で見ると非常に細かい「点」で構成されているのがわかります。鑑賞する私は、まずその細かさに心打たれます。

そして、徐々に離れて鑑賞していくことで絵の全容が見えてくると、今度は、「あんなに細かい、しかもそれぞれ違った色の『点の集合』が、こういう『絵』になるなんて信じられない！」

と大感動するのです。

ひとつひとつの「点」の細かさ、その細かい作業を続けるためにかける膨大な時間。そして「細かい『点』の集合が、どんな『作品』になるか」を最初から見通しているかのような構成力。その両方を、非常に高い次元で融合させているのです。

間近で見ても遠目から見ても、圧倒的。確かな技術と忍耐に裏打ちされた、まぎれもない芸術作品。私にとってスーラの絵画とは、そういう存在です。

幸運にも私は、羽生結弦のスケーティングを、リンクから近い席からも、2階席の遠いところからも見たことがあります。そして、テレビの大画面にアップになった映像でも、引きの映像でも。

羽生結弦のスケーティングは、間近から見ても遠目から見ても、素晴らしい。加えて、「0・5秒とか1秒の間」という短い時間の中で見られるスケーティングも、「2分50秒とか4分30秒（当時の演技時間）の間のスケーティングが作り出す、作品の統一感や完成度」にも圧倒されるのです。

今回の「コンティニュー」で、そのすごみに改めて接することができた。それも私にとっては大きな喜びでした。

もうひとつ、「コンティニュー」開催中に、羽生結弦が現役続行の意志を示したことも、大きな喜びをもって受け止めました。そして同時に、このアイスショーに「コンティニュー」というタイトルがつけられた「意味」を噛《か》みしめることになったのです。

羽生結弦が「コンティニュー」の公式サイト（http://www.continueswithwings.com/）に

綴《つづ》ったのは、こんな言葉でした。

私がスケーターとして成長をしていく中で、影響を受けた、そして、影響だけでなく、いろいろなものを、受け継がせて頂いた方々にご出演頂きます。そのつながりに対する感謝の気持ち、誰も一人ではできない、何かのつながりがあって、生きていく。スケートを通して受け継ぎ、伝えていく。偉大なスケーターの方々の演技をご覧いただき、その〝継承〟を皆様が感じて下されればと思っています。

これから羽生結弦は、より明確に、「受け継いでいく」「そのために、自分自身を捧《ささ》げ続けていく」道を進み始めるのだろう……。

2018~19年シーズンの幕開けを心から楽しみにすると同時に、ある種の畏怖の念のようなものも、私の中に生まれたのです。

第2章　2018~19年シーズンで羽生結弦が見せてくれるもの

続けてくれること、それ自体に感謝を

2018~19年シーズンの羽生結弦の演技を考察する前に、まず「これだけは申し上げておきたい」ことを記させてください。

フィギュアスケートという競技のファンとして、羽生結弦というスケーターのファンとして、羽生が今シーズンも競技を続けてくれること自体、私にとってはものすごくありがたいと思っています。

私がフィギュアスケートを見始めたのは1980年です。そこから「オリンピックを連覇したスケーター」をこの目で目撃したのは、女子シングルのカタリナ・ヴィット、アイスダンスのオクサナ・グリシュク&エフゲニー・プラトフ（グリシュクは長野オリンピックのときには「パーシャ」というファーストネームの表記でした）、そして男子シングルの羽生結弦だけです。

「2枚の金メダルを獲得したスケーター」と枠を広げても、ペアのエカテリーナ・ゴルデーワ&セルゲイ・グリンコフ（私にとって、ペアスケーティングにおける永遠のアイドルです）と、アイスダンスのテッサ・ヴァーチュ&スコット・モイアーだけです。

もちろん、「オリンピックの金メダルを獲《と》ることだけが、選手に求められている」などとは、これっぽっちも思っていません。そうではなくて、

「オリンピックで素晴らしい成績を収めた後で、休養にあてたりプロに転向したりという決断をしても、誰ひとり責める人などいないのに、それでも競技を続けるチョイスをしてくれたことが観客にとっての大きな幸せである」

と言いたいのです。

2018〜19年シーズンは、「前シーズンのオリンピックの、男子シングルと女子シングルの金メダリストと銀メダリスト、4人が全員現役を続行してくれる」という、私にとって記憶にないほど贅沢《ぜいたく》なシーズン。そのことに、まず大きな感謝を捧げます。

ショートプログラム『Otonal』とジョニー・ウィアー

羽生結弦の新プログラムが発表されたのは、2018年8月31日でした。

ショートプログラムで使用する曲はラウル・ディ・ブラシオ作曲の『Otonal』（『秋によせて』という邦題で紹介されることもあります）。

フリーはエフゲニー・プルシェンコの『ニジンスキーに捧ぐ』の曲（エドウィン・マートン

ン作曲の『Art On Ice』と『Magic Stradivarius』）を使ったもの。羽生はこのプログラムに『Origin』と名前をつけています。映画『陰陽師《おんみようじ》』の使用曲を編集したフリーに『ＳＥＩＭＥＩ』と名づけているのと、同じスタイルと言えるかもしれません。

ショートプログラムはジョニー・ウィアーの２００４〜０５年シーズン、および２００５〜０６年シーズンのフリーと同じ曲です。

フリーのインスピレーションとなった『ニジンスキーに捧ぐ』は、エフゲニー・プルシェンコの２００３〜０４年シーズン、ロシアの国内選手権のフリーで審判全員から芸術点で６・０満点を得た伝説的な作品です。

ウィアーもプルシェンコも、羽生結弦のメンターともいえる存在です。

私にとっても、ジョニー・ウィアーもエフゲニー・プルシェンコも大好きなスケーターでした。羽生結弦がこの偉大な先輩ふたりにリスペクトを捧げたのに倣い、私もここで少しふたりの話をさせていただきましょう。

私にとって『Otonal』といいますと……、まず女子シングルのマリア・ブティルスカヤ。彼女が１９９９年の世界選手権で優勝したときのフリー（Maria Butyrskaya 1999 Worlds

FS）で会場を熱狂に巻き込んだのがいまだに印象に残っています。

この演技、この曲のチョイスは、あとに続くスケーターたちに大きな影響を与えたと私は確信しています。なぜならブティルスカヤは、この演技で「マチュア（成熟した）スケーティング」の、ひとつの完成形を見せたと思うからです。

『Otonal』という曲を私はブティルスカヤの演技で知ったのですが、初めて聴いたときから、どこか懐かしさを感じる、耳に残るメロディでした。静かで美しいパートと、ドラマティックに盛り上がるパートのバランスも、スローパートと激しく演じる部分の両方を盛り込みたいフィギュアスケートにピッタリな曲だと思ったものです。

女子シングルではほかに古い順から、エレーナ・リアシェンコの2004年ヨーロッパ選手権のショートプログラム（Elena Liashenko 2004 Euro SP）、武田奈也《なな》の2007年全日本選手権フリー（2007 Nationals FS）、村主章枝《すぐりふみえ》の2008年全日本選手権のフリー（2008 Nationals FS）も私にとっては忘れがたい演技でした。

そして、羽生結弦がこの曲を選んだ直接的な動機になった、男子シングルのジョニー・ウィアー。彼の2004年NHK杯フリー（Johnny Weir 2004 NHK Trophy FS）を、私は幸運にも試合会場で見ていました。

帰宅してチェックした番組の中でも解説の五十嵐文男さんがおっしゃっていましたが、着氷後にスピードが上がるような見事なジャンプを軸に、すべてのエレメンツが4分半の演技全体の中で美しく実施されていました。

冒頭の要素であるトリプルアクセルとトリプルトウのコンビネーションジャンプの前から、もう「ジョニーの世界」は始まっていました。

アームのしなやかな動き。それがそれまでのアメリカの男子選手の誰とも似ていなかったのです。スコット・ハミルトンの歯切れのよさとも、ブライアン・ボイタノの雄大さとも、トッド・エルドリッジの端正さとも、ティモシー・ゲーブルのどこか親しみのあるキュートさとも、違う。ジョニーがバレエの訓練としっかり向き合っていることはもちろん感じられましたが、それだけでもない……。

「アーティスト」という言葉には、さまざまな人が含まれています。画家だったり映画監督だったり役者だったり音楽家だったり彫刻家だったり。あえてそれらの人々をまとめるならば、私は「美を作り出す人」と表現したい。そんな意味で、ジョニー・ウィアーは「アスリートであると同時に、アーティスト」という印象を持ったのです。

コンビネーションジャンプも、技術的に完璧であると同時に、うっとりするほどアーティスティックでした。

トリプルルッツジャンプに行く前のスパイラルは「バックエッジで滑りながら、片足を体の前でキャッチし、美しく上げていく」という印象的なもの。オクサナ・バイウルがリレハンメルオリンピックのショートプログラムで披露した、『白鳥の湖』の黒鳥オディール（Oksana Baiul 1994 Olympics SP）のスパイラルシークエンスを思い出したのは私だけではないと思います。

このムーヴだけでなく、どの瞬間を切り取っても、隙間なく美しい。ラストのストレートラインステップの最後のところでほんの少しバランスを崩したようにも見えましたが、個人的にはまったくと言っていいほど気になりませんでした。

第1章で宮原知子の演技に言及した際、「エレガンスの密度が高い」という言葉を使いましたが、この言葉が自然に浮かんだのは、ジョニー・ウィアーの前シーズンの全米選手権フリー（2004 Nationals FS）の『ドクトル・ジバゴ』を見たときなのです。

そして『Otonal』を生観戦して、その感覚が「衝撃」に近いほど強くクリアになったのは言うまでもありません。

観戦するたびに思うことではありますが、

「テレビ画面を通してではなく、会場で実際に見るフィギュアスケートは、やっぱり受け取る情報量がケタ違いに多い」

ということを改めて確認できて、しびれるような幸福を感じたことを覚えています。

フリー『Origin』とエフゲニー・プルシェンコ

そしてエフゲニー・プルシェンコ。

私がプルシェンコを初めてテレビでしっかり見たのは、1997~98年シーズンの世界選手権のフリー(Evgeni Plushenko 1998 Worlds FS)だったはずです。

弱冠15歳で3位に入るというインパクト充分の成績。ただ、4回転トウに2度挑戦し、どちらも非常に惜しかったのですが両方転倒してしまいました(後になって振り返ると「ふたつめの4回転トウは、ひとつめの失敗のリカバリーで跳んだのかもしれない」と思いましたが)。また、トリプルアクセルとトリプルトウのコンビネーションは見事に決めましたが、ふたつめのトリプルアクセルは転倒。本人としては苦いシニアデビューシーズンの締めくくりだったかもしれません。

それでも見ているこちらは大興奮です。コーチのアレクセイ・ミーシン氏が「できる」と判断したからこそ、このプログラムを15歳の若い選手に滑らせている……。私はそう予想したのです。

7か月後、その予想をはるかに超える形で、私はプルシェンコの覚醒を目の当たりにします。１９９８～９９年シーズンのグランプリ大会、スケートカナダのフリー（1998 Skate Canada FS）をＮＨＫのＢＳで見て、度肝を抜かれました。あの衝撃は、いまでもはっきり覚えています。曲は前シーズンと同じジャン・ミッシェル・ジャールメドレー。

プルシェンコは16歳になったばかりでした。その時代に「４回転キング」として名を馳《は》せていたカナダの英雄、エルヴィス・ストイコを上回って優勝。４回転トウとトリプルトウ、トリプルアクセルとトリプルトウ、ふたつのコンビネーションを完璧に決める強さ。しかも年齢的にはジュニアなのに、シニア選手より踊りがしっかりしていて、ステップも速い。私は「世代が完全に交代してしまった」と、ただただ目を丸くしていました。

このシーズンの世界選手権もテレビで見ていました（当時はＴＢＳで放映されていました）。19歳になったばかりのアレクセイ・ヤグディンが『アラビアのロレンス』を演じたフリー（Alexei Yagudin 1999 Worlds FS）は、最後に疲れは見えたものの完璧な出来でした。

プルシェンコは、ストイコを上回ったスケートカナダと同じ構成で臨んだはずですが、冒頭の4回転トウがやや回転不足でこらえた着氷になり、コンビネーションにはできず（その後のトリプルルッツにトリプルトウをつける形でリカバリーしていましたが）、また、サーキュラーステップでわずかにつまずいてしまいました。

ただ、いずれにしても「少なくとも2002年のソルトレークシティオリンピックまで、ヤグディンとプルシェンコのふたりが男子フィギュアを引っ張っていくのだろう」と確信できる、すさまじいばかりの試合でした。

そういった成長ぶりに驚きっぱなしのまま、初めてプルシェンコを生観戦したのは、1999〜2000年シーズンのNHK杯のフリー（1999 NHK Trophy FS）でした。期待値は上がる一方だったのです。

白いシャツに金色のベストを合わせたプルシェンコがチョイスしたのはロシア民謡『黒い瞳』。冒頭のコンビネーションジャンプ、4回転トウからトリプルトウを見事に着氷し、私は拍手をしかけました。しかしプルシェンコは間髪入れずにダブルループを跳んでみせたのです。私は驚きで拍手しかけた手が止まってしまいました。「4回転〜3回転〜2回転」の3連続コンビネーションジャンプを初めて見た瞬間でした。

それにしても、4回転ジャンプの空中での体勢が氷に対して厳密なほど垂直で、まったくブレないのはどうしてでしょう。その後のトリプルアクセルからトリプルトウのコンビネーションも、トリプルアクセルが高くまっすぐ浮き上がった瞬間に、成功する予感しかしません。

ジャンプ以外にも見どころは満載。ロシア民謡のコミカルさと哀愁がにじみ出るダンス、そして、3連続ジャンプに続き私がこの日生まれて初めて見た、男性によるビールマンポジションのスパイラル。ひとつひとつの技や振り付け、そこからにじみ出る表現、そして17歳にして「誰とも似ていない」演技ができるオリジナリティ、すべてがそろった演技に呆然《ぼうぜん》としてしまいました。

余談ですが、この翌年、シドニーで開催された2000年夏のオリンピックの女子体操、種目別平均台の金メダリスト、中国の劉璇（日本では「りゅうせん」と発音していました）がゆかで使用した曲（Liu Xuan 2000 Olympics FX）が、プルシェンコのフリーで、トリプルルッツを着氷してからのパートの曲で、思わず頰がゆるんでしまったものです。

その演技から4シーズン後、羽生結弦の心にいまも残る傑作が生まれたのです。

2004年のロシア国内選手権のフリー（2004 Nationals FS）で披露した『ニジンスキー

に捧ぐ』は、「プルシェンコの」という枠を飛び越え、フィギュアスケートの男子シングルの歴史に残る名演技のひとつだと思っています。

そして、その完璧だった国内選手権よりもさらにジャンプの難度を上げて（4回転トウを1本から2本へ、トリプルアクセルからのコンビネーションジャンプを、トリプルフリップまでつなげるシークエンスにして）臨んだ2004年の世界選手権フリー（2004 Worlds FS）も素晴らしかった。

「トリプルループを跳ぶ直前にエッジが氷に引っかからなければ、国内選手権の出来さえも上回ったかも」

と思ったものです。

冒頭の、プルシェンコの代名詞ともいえる4回転トウからダブルトウ、そしてダブルループへとつなげる3連続のコンビネーションジャンプ。そして、ダイナミックさとエアリー感が不思議なほど同居したトリプルアクセルの高さと、空気そのものを切り裂くような回転の速さ。そして、盤石ともいえる着氷の安定感。

ジャンプの要素と見事なコントラストを描くのは、ストレートラインステップのスピード感と鋭さ、ビールマンポジションのスパイラルのなめらかさ。

突出したジャンプ技術、シャープなエッジワーク、ダンスの引力。そして、俗っぽい表現ではありますが、圧倒的なラスボス感。1999年、私が『黒い瞳』に感じた「すべて」が、想像を超えた場所に想像もできないレベルで進化してしまった……。そんな感慨がありました。

第1章で、私は、「見た後で『言葉を尽くして書きたくなる・誰かと語りたくなる』プログラムと、見た後で『エッセイストのくせに言葉を失ってしまう』プログラム」という表現を使いましたが、『ニジンスキーに捧ぐ』はまさに「言葉を失ってしまうプログラム」そのもの、という感じなのです。

羽生結弦が捧ぐ「オマージュ」

羽生結弦が『Otonal』と、『ニジンスキーに捧ぐ』に触発された『Origin』を演じる。このニュースに、私はひとりのフィギュアスケート好きとしてもちろん大喜びでした。

先ほど言った通り、羽生結弦が競技を続けてくれること自体に感謝をしていますから、「また新しいプログラムが見られるなんて！」という喜びがひとつ。そして、その喜びよ

りもさらに大きかったのは、

「もしかしたら羽生のこの決断を誰よりも喜んでいるのは、ほかならぬジョニー・ウィアーとエフゲニー・プルシェンコかもしれない」

という想像がすぐに浮かんだ喜びです。

実際、そんな想像をしながら読んだ新聞各紙には、羽生本人から「この曲で演じたい」と言われたプルシェンコ氏がとても喜んでいたことが報じられていました。

そしてウィアー氏は、2018年11月初旬のグランプリシリーズのヘルシンキ大会の後、アメリカのテレビ局・NBCの番組で興奮気味に、

「僕にとっては名誉を超えている。夏に一緒にいたときに、曲を使うと聞いてね。（嬉しくて）ほとんど泣いちゃったよ」

と語っていました。これを聞いたとき、私の嬉しさもさらに高まったものです。

自分の想像が当たったことが嬉しいのではありません。

先を行く人に憧れ、その道を志す若い人がいる。先を行く人は、後から入ってきた若い人の成長を心から喜ぶ。そんな「世界」があることが、どれほど多くの人を励ますか。そのことが何よりも素敵だなあと思うのです。

若い選手が誰かに憧れて、その若い選手が成長したとき、今度はもっと若い選手から憧れを向けられる。選手たちの間で受け渡されていくバトンがある。観客は、単に試合だけでなく、バトンが受け渡されていく様子まで見ることができる。

フィギュアスケートに限らず、スポーツの素晴らしさのひとつが、それだと思います。

羽生結弦に憧れる若いスケーターが、今シーズンの『Otonal』『Origin』から、今度は何を受け取るのか……。それがわかるのはもっと先のことでしょうが、少なくとも、それがわかるまでは、間違いなく私はこのスポーツを好きでいられる。それもまた非常に嬉しいことなのです。

「オリジナルな美」という概念を継承する……『Otonal』ここがすごい

羽生結弦の新プログラム『Otonal』と『Origin』のお披露目は、２０１８年９月のオータムクラシックでした。

第１章で私は、羽生結弦の演技を、

「ジャンプやスピン、ステップをダイヤモンドだとすると、ダイヤモンドそのもののクオリティを上げ、トランジションという美しい細工のプラチナでつないでネックレスを作っているよう」

と表現しましたが、オータムクラシックでの羽生の演技を見て、こう思ったのです。

「羽生結弦は『これこそがフィギュアスケート』という、ある種の明確な理想像を持っている。その理想像に自分自身を捧げるために、さらにハードルを上げたのではないか」

平昌オリンピックが終わり、羽生結弦は自らの目標を、私の想像をはるかに超えるところに設定したような気がしたのです。

◎2018年ロシア大会　ショートプログラム　（2018 Rostelecom Cup SP）

羽生結弦にとってのグランプリシリーズの初戦は、フィンランドのヘルシンキで開かれたグランプリ大会でした（今シーズンは中国ではなくフィンランドで開催されました）。

ここで羽生は単純に「すごい」という言葉では表現できないほど驚異的な高難度のプログラムを、オータムクラシックのときより数段ブラッシュアップしてきました。

そして2週間後のロシア大会のショートプログラム。その驚きはさらに大きくなりました。ヘルシンキ大会での出来をさらに上回った演技を見せてくれたのです。

以下、ロシア大会の演技から、要素順に私が感嘆した場面を綴っていきたいと思います。

オータムクラシックのショートプログラム（2018 Autumn Classic International SP）、およびヘルシンキ大会のショートプログラム（2018 GP Helsinki SP）と比較しながら考察している部分もあることをご了承ください。

●冒頭の4回転サルコー前のトランジション。まずイナバウアーから入り、左右それぞれの片足を「いつ踏み替えられているのか」と思ってしまうほど自然に踏み替えつつターン。そして今度はイーグルに入ります。その後、再び左右それぞれの片足をどこまでも繊細に踏み替えターンしながら、サルコーへ。

「ムーヴズ・イン・ザ・フィールドと、足を踏み替えていくターンの組み合わせ」を、2回繰り返してから4回転を跳ぶのです。あまりの驚きで、テレビ画面に映ったものがすぐには信じられなかったほどです。

オータムクラシックのときは、「イナバウアーから左右の足を踏み替えつつターンして、4回転のサルコーへ」という流れ。ただし、左右の足でターンしている距離は非常に長いものでした（ヘルシンキ大会からこのトランジションに変更）。

オータムクラシックとロシア大会、どちらのトランジションのほうが難しいか。その問いは野暮かもしれません。どちらもとんでもなく難しいに決まっていますから。

この「左右それぞれの片足で、『いつ踏み替えられているのか』と思ってしまうほど自然に踏み替えつつ、ターンしていく」というトランジションですが、羽生はハビエル・フェルナンデスのサルコーの入り方を参考にしていることを明らかにしています。ジョニー・ウィアーへ捧げるプログラムの中に、フェルナンデスに捧げる部分も組み込んでいる。そんな思いを高い技術の中に溶け込ませていることも、スケートファンとしては嬉しくなるポイントです。

着氷後は、フォアエッジに切り替えてからインサイドのイナバウアーへ。ジャンプ前のトランジションから着氷後のイナバウアーまで一定のスピードを保っていることで、「非常に距離の長いクオリティも高いエッジワークの中に、ジャンプが入っている」というイメージです。

●アウトサイドのイーグルからチェンジエッジしてインサイドのイーグルへ。インサイドになった瞬間にキュッとスピードが上がるのが素晴らしい。その際のエッジの深さも、私にとっての大きな見どころでした。

イーグルが終わった直後、ピアノの、徐々に音階を下げていく主旋律（5音分）と、エッジワークの完璧な一致。白い氷の表面とあいまって、ピアノの鍵盤の白いキーだけをスムーズにエッジが鳴らしていくかのよう。それぞれの足を踏み替えた後で、スッとスケーティングのスピードが上がる心地よさも見逃せません。

●ほんのふた蹴りでトップスピードに乗った後、スムーズなステップを踏んで、カウンターからトリプルアクセル。テレビでは、このカウンターがジャッジ席側からのアングルで映されていましたが、その距離の出方といいスピードといいなめらかさといい、絶品でした。そしてジャンプ着氷後はツイズルへ。ジャンプ前のトランジションは、オータムクラシックやヘルシンキ大会と明らかに変えてきています。

ここで改めて強調したいのは、羽生結弦のトリプルアクセルのトランジションの豊富さです。

私が「魂を抜かれてしまったよう」と形容したくなるほど見惚れてしまった羽生結弦のトリプルアクセル（およびそのトランジション）は、大げさでもなんでもなく「プログラムの数だけある」という答えになりかねないのですが、あえて3つだけ挙げてみます。

●ジャンプの前後にイーグルを配した、２０１５年オータムクラシックのショートプログラム（2015 Autumn Classic International SP）。
●リンクの長辺をほぼいっぱいに使ったトランジションからアクセルを跳び、着氷したバックアウトエッジがデリケートにバックインサイドにチェンジエッジ。即座にフォアエッジになるや、２回転分のターンを入れてきた、平昌オリンピックのショートプログラム（2018 Olympics SP）。
●「アウトサイドのイーグルからインサイドのイナバウアーにシームレスにエッジを変えていく」動きから、「ただちに時計回りのターンを入れて、反時計回りに跳ぶ羽生のジャンプの回転の勢いを削ってしまう」ような動きをつなげる。そこまでしてから、ようやく足を踏み替えてアクセルを跳ぶ、平昌オリンピックのフリー（2018 Olympics FS）。しかもこのアクセルの後にトリプルサルコーまでつなげていきます。

ジャンプの「入り」も「出」も、すべて違う種類のトランジションを組み入れています。

羽生結弦は、２０１０~１１年シーズンからシニアに参戦しています。シニアの在籍期

間で考えると、キャリアはすでにベテラン選手と言っていい。これだけ長いキャリア、かつ輝かしい戦績を持っていれば、

「どんなトランジションとどんなジャンプのクオリティが組み合わさると、GOEの上げ幅が大きくなるか」

というデータは充分すぎるほど持っているはずです。

私の勝手な想像ですが、羽生が師事するブライアン・オーサー氏は、そういったこともきっちりと頭に入れているタイプのコーチだとも思います。

「点数をとりにいく」ことを第一に考えるならば、そのデータに従って選んだトランジションを、とことん磨いていくことが効率的であるはずです。

しかし、羽生結弦は、それをしません。

チョイスした曲の音符、曲想に寄り添うかのようなエッジワークを必ず採用する。「氷」という大きな楽器に対して、「エッジ」が弓やバチ、あるいは自在に動く指になり、エッジそのものが音楽を奏でるようなイメージになるように、トランジションがプログラムごとにチョイスされているのを感じます。

●低音から高音へと盛り上がっていくピアノの音に合わせ、リンク中央に向かってツイズル。そしてここから、リンクの長辺を往復するほどのトランジションを盛り込み、4回転トウとトリプルトウのコンビネーションジャンプ。着氷後はただちにイーグルへ。

「ヘルシンキ大会よりさらに進化している」と感じたのは、「リンクの長辺を往復するトランジション」の完成度をより高める意図が明確に見えたことです。

リンクの端で折り返して中央へと戻っていく際、ハイドロブレーディングに入ると思わせるようなエッジ（および体）の動きを見せ、すぐにベスティスクワットイーグルに入りました。これはロシア大会から組み入れてきたムーヴだと思います。これを入れることによって、トランジションにさらなる密度が加わったように感じられました。

ベスティスクワットイーグルから続くトランジションは、ヘルシンキ大会のトランジションとは違うエッジワークを組み入れています。

そして4回転トウとトリプルトウのコンビネーションジャンプ。着氷がややバランスを失ったように感じましたが、瞬時にアームを音楽に合わせてドラマティックに動かしながら体勢を戻し、イーグルへとつなげていきました。

完璧とは言い切れないジャンプの着氷後にもトランジションをつけられる強さ。

羽生のこの「強さ」に私が初めて触れたのは、２０１５年のＮＨＫ杯のショートプログラム（2015 NHK Trophy SP）でした。単独ジャンプの要素である4回転サルコーの着氷でかなりこらえましたが、即座にイーグルにつなげていきました。コンビネーションジャンプの着氷でもこれを見せてくれたことは今回の大きな喜びでした。

●コンビネーションジャンプのトランジションと同じくらい驚いたのは、次の要素であるフライングキャメルスピンに行くまでに、まったく隙間がない点です。

「オータムクラシックでレベル4が取れなかったことを、スピンの時間を増やすことで修正しようとしたのかな」

と思うのですが、得点的にもっとも大きな要素であり、集中力も必要な4回転を含むコンビネーションジャンプの直後から、即座に次の要素に入っているのです。プログラムの密度の高さに目を丸くしてしまいました。

●フライングキャメルスピンから、足替えのシットスピンに移っていく間も、トランジションで隙間なく満たされている。バックエントランスのウィンドミルからシットスピンへと移行するタイミングと、ピアノのこぼれるように華やかな音との調和が見事。

途中で1度フライングを入れていますが、そのフライングの前後とも、曲のリズムと回転速度がピッタリ一致していることに、ため息がもれます。「曲によってスピンの回転速度まで自在に変えられるのでは」と思うほどです。

●ステップシークエンスは要素の実施順に心を惹《ひ》かれた箇所を記していきます。

■ジョニー・ウィアーの『Otonal』のストレートラインステップは、音楽のいちばんの盛り上がりに合わせるように、リンクの端でタメのポーズを作ってからスタートしています。その構成にオマージュを捧げるように羽生のステップシークエンスもスタート。

■1度ひざをスッと落とした体勢からすぐに回転系の要素を実施していく構成。そこにも色濃く漂うジョニー・ウィアーへのリスペクト。ジョニーは「両足のトウでターンしていく」のに対し、羽生結弦は「右足1本でターンしていく」という違いはありますが、私の脳裏には、ジョニーのNHK杯フリーのラストの盛り上がりが浮かびました。

■羽生にとって「本来の回転方向ではない」時計回りのターンが続きますが、それが「本来の回転方向ではない」ことを忘れてしまうほど、自然な流れで、かつ距離も出ている。そしてそのまま、足を踏み替えることなく「フォア／バック」のエッジの切り替えをおこなう。素晴らしい！

■まったく助走のない状態からハイドロブレーディング、そしてアクセルジャンプとバレエジャンプを組み合わせたような、非常に印象的なジャンプ。このジャンプも、音楽の盛り上がりにきちんと合わせてきている。

■リンク中央へ戻りながらのエッジワーク。今度は左足1本で「フォア／バック」を切り替えた後で、円を描くようなターン。

●ラストの足替えのコンビネーションスピン。足を替えてからのパンケーキポジションのアームの使い方に、やはりジョニー・ウィアーへのトリビュートを感じることができると思います。曲が終わる瞬間のラストポーズもジョニーからのインスパイアを感じます。

このショートプログラムで、私は、

「いままで見てきた男子シングルの演技とは、違う『何か』を見た」

という思いに包まれました。

「ジャンプ、スピン、ステップありきで、それらをトランジションでつないでいく」というよりは、

「演技開始から終了まで、複雑な図形（フィギュア）を氷に描き続けていくことありき。ジャンプやスピン、ステップはその図形の中に組み入れられている」

と言ったほうが正確ではないか、と思ったのです。

「プログラムの作り方を変える」などと簡単に表現しては失礼だ……と思うほどです。プログラムを作り上げる「哲学」そのもの、プログラムという「概念」そのものが違う、と言いますか……。

それほどまでに「新しかった」のです。その「新しさ」は、想像を絶する難度の高さによって作られていることは間違いありません。


ジョニー・ウィアーが創造した「新しい美」


ジョニー・ウィアーの魅力を、私なりの言葉で言うと、どうなるか……。

「男子のフィギュアスケートの『美』の基準や概念そのものを変えてみせた」

という感じになるでしょうか。

羽生結弦は「男性だからこそ出せる中性的な美しさ」と非常に端的に表現していました。ジョニー・ウィアーが出てくるまで、「中性的な美しさ」を、ここまでのレベルで創造した男子シングルの選手はいなかったと私は思います。

ジョニー・ウィアーは、それまでのスケーターが作り出してこなかった、新しい種類の美を作った人なのかもしれません。

すでに基準が決まっている価値観や世界観の中でトップを目指す方法も、もちろん「アリ」です。ただ、非常にすぐれた、かつ野心的な表現者の中には、「既成の価値観とはまた違った種類の美しさを作り出したい」と思っている人もいます。あるいは、意図していなかったとしても、結果として「いままでの基準とはまったく別のところにある美しさだ」と評価される作品を作り出す人も。

「既成の価値観」の、具体的な例をひとつ挙げるとすれば、「男らしさ／女らしさ」という言葉があります。「男性的な魅力／女性的な魅力」という表現も、この価値観の中に入れていいと思います。

そういった言葉で表現される「美」が悪いものだとかニセモノだとか、そんなことはこれっぽっちも思っていません。私にも、心から「美しい……」と思えるものがたくさんあります。ミュロンの円盤投げの彫像とか、ミロのヴィーナスなどは、見るたびに心から感激の吐息をもらします。

しかし、「美」というものは、もっと範囲の広いものではないか。私はそう考えてもいるのです。従来の「男らしさ／女らしさ」の枠ではくくれないところ、「らしさ」という枠を飛び越えたところにあるもの。男女の性差そのものを超えようとするものの中にも「美」はあるのではないか。

例えば、バレエ界において100年にひとりの才能と呼ばれたシルヴィ・ギエム。「足の甲が折れてしまうのではないか」と思うほどのポワントのバランス、ひざ頭がまったく出ない、というよりも内側にへこんでいるかのようにすら見える、まっすぐすぎるほどまっすぐな足のライン。ただ同時に、従来の「女らしさ」から逸脱してしまうほど高く上がる足をはじめ（それを可能にする筋力と柔軟性）、圧倒的すぎる身体能力ゆえに、「これはバレエではない」「女性らしさや品に欠ける」という批評も受けたダンサーです。

ギエムのレパートリーの中でも私が特に好きな『ライモンダ』のバリエーション（Sylvie Guillem Raymonda）は、確かに feminine（女らしい）とは言われないかもしれない。しかし私にとっては divine（神々しい）と言えるほど、ありがたみがあるのです。

パワーとパッションが突き抜けすぎて、保守的な演奏を好む聴衆の度肝を抜いてきたピアニスト、マルタ・アルゲリッチ。アルゲリッチは、しばしば「女性とは思えない」という、本質的には非常に女性蔑視である表現で男性批評家（その批評家をここで糾弾したいわけではないので、名前は伏せます）に絶賛された存在です。

女性の体のラインをいかすカッティングと華やかな色彩こそが是とされた80年代初頭のパリのファッション界で、ボロボロに穴が開いたニットや体のラインをすっぽり隠してしまうようなシルエットの、真っ黒な布で作った服ばかり発表し、フランスのメディアに「葬式のための黒い服しかない」「俗悪なスノビズム」とスキャンダラスに、センセーショナルに書きたてられたコム・デ・ギャルソンのデザイナー、川久保玲《れい》。しかし現在、川久保は後進デザイナーたちや批評家たちから、

「女性にとって『服を着る』ことの意味そのものを変えた」

「『煽情的《せんじようてき》に／品よく』の差はあっても、結局は体のラインを強調することが『女性のための服』や『女性らしい服』の役目。そんな風潮そのものに異議申し立てをした」

と大きな尊敬を集めている存在です。

私にとってジョニー・ウィアーは、そういった「性別、性差によって分けられる『美』

とは違う、新しい価値観を生み出した人たち」の中にいまも息づいている人なのです。

「性別、性差」という単語で誤解していただきたくないので、LGBTのGにあたるゲイの当事者である私から付言させていただきますと、「性別、性差を超える『美』を作り出す人」が、必ずLGBTのどこかに属すというわけではありません。確かにジョニー・ウィアーはゲイであることを公言していますが、

「性差を超えるものを作り出す人の創造性や才能は、セクシュアリティをベースにしているのではない。『さまざまな美の形がある』と自然に受け入れることができる感受性と、その感受性を自分自身で大切にしながら、既存の『美』にとらわれないオリジナリティを打ち出していこうとする気概がベースである」

と強く主張しておきたいと思います。

もうひとつ、「まえがき」にも記しましたが、私には「人それぞれにある感受性や美意識も尊重したい」という思いがあります。

フィギュアスケートファンの方々でも、クラシックな男性らしさや女性らしさを色濃く漂わせた演技が好きな人、清々《すがすが》しさやキュートさ、あるいはもっと硬質な魅力のほうが強く出てくる演技を好む人……さまざまな好みを持つ方がいて当然です。それぞれの好みは

最大限に大切にされるべきだと私は強く信じています。

新しい「美」に対する、発信者たちの責務

ただし、「メディアで自分の意見や考察を発表する仕事をしている人間には、また別の資質が求められる」と私は思っています。

『羽生結弦は助走をしない』で、ＰＣＳ（プログラムコンポーネンツ）や、フィギュアスケートそのものを評価するときによく言われる「芸術性」という言葉について、１章分を使って私なりに考察しています。その中でも少し触れていますが、ライターやジャーナリスト、エッセイストやコラムニストと呼ばれる人が、自分の好みの表現だけを「芸術性」などの言葉でラッピングし、称賛する態度に、私はかなり懐疑的です。

人間である以上、好みがあるのは当然のこととして、

「自分の『好き』の範囲以外にも美しいものがある」

「自分の『好き』の種類と、この世界にある『美』の種類が、１００％ぴったり重なるわけではない」

と認識すること。

私はこの「大前提となる認識」が物書きの最低限の礼儀であると信じます。私が自分自身に対する戒めとしても常に頭の中心に置いている事柄です。

ジョニー・ウィアーのニュアンスをそこかしこに（そして冒頭のジャンプにはハビエル・フェルナンデスのニュアンスも）取り入れながら、しかし完全に「羽生結弦オリジナル」になったショートプログラム。それは、羽生結弦がずっと好きだったものを入れながらも、きっちりと競技会向けに仕上げたプログラムでもあります。

そして、羽生結弦のプログラム全般に言えることではありますが、クラシックな美しさを備えながらも、それだけではない『美』にも届いていること……。技術的な難しさを極限まで追い求めながら、羽生オリジナルの「芸術性」を備えたプログラムが今シーズンも見られることは、スケートファンとしてやはり非常に大きな喜びです。

この章の中で述べたように、10年くらい経《た》ったら、この羽生のプログラムにオマージュを捧げるスケーターが現れるかもしれない。そのときが来るのも楽しみです。

羽生結弦の2016～17年シーズンのプログラム『Hope & Legacy』（2017 Worlds FS）になぞらえるなら、フィギュアスケートには継承されるべきもの（Legacy）がたくさんあります。それを見届けるのは観客である私にとっても希望（Hope）なのです。

世界のどこかにいる「君」へつなぐバトン……『Origin』ここがすごい

フリー『Origin』は、エフゲニー・プルシェンコにオマージュを捧げる羽生。

先ほども述べましたが、プルシェンコは、かつての「4回転時代」にアレクセイ・ヤグディンと王者の座を熾烈《しれつ》に争った選手です。

「4回転ジャンプを跳ばないと勝てない。しかし、4回転ジャンプだけでは勝てない」という、現在の男子シングルの「常識」の扉をこじ開けたのは、このふたりだったと思います。

4回転トウ、トリプルアクセルの高さと正確さ、そしてヤグディンは雄大、プルシェンコは切れ味抜群、それぞれの持ち味をいかしたステップや振り付け。ふたりが同時期にシニアの競技スケーターだった1998年の世界選手権から2002年のソルトレークシティオリンピックまで、彼らの勝負を分けたのは「その日の調子」くらいのものでした。そんな熾烈な争いに、本田武史が果敢に挑んでいったあの時期は、私にとって掛け値なしの「男子シングル黄金時代」でした。

私はヤグディンもプルシェンコも大好きなスケーターで、ふたりの間に順位などつけられません。ただ、「プログラム作成能力」という点に絞るのなら、プルシェンコのコーチ、アレクセイ・ミーシン氏よりも、ヤグディンが1998〜99年シーズンからミーシン氏の元を離れて師事したコーチ、タチアナ・タラソワ氏のほうが好みかもしれません。

曲のつながり、編集を非常に大切にし、演技時間のすべてを物語の舞台に変えてしまうような、タラソワ氏のプログラム。先ほどお話しした1999年の世界選手権フリーの『アラビアのロレンス』や、2002年ソルトレークシティオリンピックのショートプログラム（Alexei Yagudin 2002 Olympics SP）の『ウィンター』、そしてフリーの『仮面の男』（2002 Olympics FS）はあまりにも有名です。

中でもヤグディンの2001年世界選手権のショートプログラム（2001 Worlds SP）は大変に強い印象を残しています。ショパンの『革命のエチュード』をクロスオーバー風にアレンジした曲で、冒頭の4回転トウとトリプルトウのコンビネーションジャンプ、そしてその後のトリプルアクセルよりも、後半のふたつのステップシークエンスのほうがはるかに盛り上がる構成。ドラマティックな曲調のさらに上を行くかのようなヤグディンの気迫に、曲が終わった瞬間思わず叫んでしまったほどです。

この年の世界選手権は、プルシェンコが『Once Upon A Time in America』をバックにフリー（Evgeni Plushenko 2001 Worlds FS）をノーミスで通し切り初優勝。ヤグディンとプルシェンコ、ふたりの勇者がついにどちらとも世界王者になり、翌年のソルトレークシティオリンピックにますます期待が高まったものです。

ちなみにこの年のプルシェンコがエキシビション（2001 Worlds EX）で使用した曲は、レジェンドシンガーのトム・ジョーンズがなんと還暦直前の御年で、ドイツのＤＪのムース・Ｔをフィーチャーして発表した『SEX BOMB』。プルシェンコが、スケーターだけではなく「ショーマン」「千両役者」としての才能をいかんなく発揮し、会場を熱狂の渦に巻き込んだ超ド級の作品です。未見の方がいらしたら、ぜひチェックしてみてください。

◎２０１８年グランプリ・ヘルシンキ大会　フリー　（2018 GP Helsinki FS）

戦績においても、ほかのスケーターや観客に与えたインパクトにおいても、フィギュアスケートの歴史に間違いなくその名前が大きく刻まれている人のひとり、プルシェンコ。

そして、ファンのひいき目を抜きにしても、羽生結弦もすでに歴史に大きく名前が刻まれている人々の仲間入りをしています。

ある意味で、ふたりがひとつのプログラムの中で邂逅《かいこう》を果たした『Origin』。そのプログラムは、やはりすさまじいばかりの密度であり、難度の高さでした。

感激した箇所を、詳しく記していく前に……。

ロシア大会のフリー前の公式練習中、羽生は4回転ループの着氷の際に右足にケガを負いました。もちろん早期の回復を心から祈っていますし、このケガについて心に浮かぶこともいくつもあります。それについては後述したいと思います。

ロシア大会のフリー（2018 Rostelecom Cup FS）もすさまじい気迫で4分を滑り切りましたが、ここでは、ケガを負う前のグランプリ・ヘルシンキ大会のフリーを振り返らせてください。世界をうならせた名プログラムです。

●冒頭の4回転ループ前のトランジション。ループジャンプは、右足のバックアウトサイドエッジで踏み切るジャンプです（踏み切る際、左足のトウは氷につきません）。羽生はこの踏み切りの前に、左足を体の内側にグッと入れてきています。そのとき左足は、かなり深いバックアウトサイドエッジになっていきます。

「左足のバックアウトサイドエッジで踏み切るジャンプ」といえば、ルッツジャンプだけです。ルッツを跳ぶと見せかけて、実は違う種類のジャンプを跳ぶ。私がそういうムーヴを初めて見たのは、伊藤みどりのカルガリーオリンピックのショートプログラム（1988 Olympics SP）です。ダブルアクセルを跳ぶ前に、バックアウトサイドエッジに1度グッと乗ってからフォアアウトサイドエッジに切り替え、ジャンプを実施していました（そのときの空中姿勢は、両腕とも「くの字」型にして腰の位置に添えるポーズ。さらに難度を上げていました）。

技術点、芸術点ともに6・0を満点としていた当時の採点システムは、ショートプログラムでのミスは命取り。ですから、そんな難しいトランジションを入れてダブルアクセルを跳ぶ選手は伊藤みどり以外いなかったことを覚えています。

羽生結弦の4回転ループは、「体の内側にグッと入った左足のバックアウトサイドエッジ」から「右足のバックアウトサイドエッジ」に踏み替えて、そこで踏み切り。踏み切りの際の右足のエッジの深さや切れにもしびれました。

●4回転ループの着氷後に、ベスティスクワットイーグルを、まずは左足をフォアにしてアウトサイドエッジから実施。そして、両方の足とも一瞬たりとも氷から離さずに、なめらかにバランスをとりながら、右足をフォアにしたベスティスクワットイーグルへ一瞬で入る。この間、スピードはまったく落ちない。

●リンクの長辺をほぼいっぱいに使ったトランジションにさらにプラスするかのように、前向きの羽生から見て左側へと大きくカーブを切ってトランジションを続行。そして、4回転サルコーへ。

「右足／左足」の踏み替えも、「フォア／バック」の切り替えも、その回数がすさまじいことに加え、スピード豊かで繊細です。

4回転サルコーそのもののクオリティも超絶。テイクオフの際のエッジ（左足のバックインサイドエッジで踏み切り）の深さとシャープさ！　そして鉛筆を立てたかのようなまっすぐで細い空中の軸。ランディング直後にスッとスピードが上がる、素晴らしいエッジの流れ。

●フライングから入る足替えのコンビネーションスピン。キャメルスピンのポジションの移行もなめらか。そして足を替えて、変形のシットポジションに行く際、回転速度がキュッと上がるところも好みです。

●ステップシークエンスは要素の実施順に心を惹かれた箇所を記していきます。

■このステップシークエンスのスタートは、プルシェンコがストレートラインステップを開始するときと、曲をシンクロさせています。羽生のステップを見ながら、プルシェンコの目もくらむほど速いステップを思い出すこともできる。心憎い構成です。

■「右足／左足」の「フォア／バック」、片足ずつの見事な踏み替えの直後にインサイドのイナバウアー、そこから間髪入れずにツイズルへ。あまりに速くてシャープなエッジワークなので、特に最初の片足ずつの踏み替えは、一瞬何が起こっているのかわからなくなったほどでした。

■今度は軸足を左足に踏み替えて、ツイズルを実施。そのラストは小さな円を描くようなターン。種類の違う回転系のエッジワークを組み合わせても、そのどちらも明確。

■1度リンク中央あたりで、あえて動きを止めて、そこからもう1度、上半身の勢いではなく、厳密な体重移動だけでスピードに乗っていく。

■リンクの外側から中央へと戻っていく際、右足1本で「フォア／バック」をなめらかに切り返しつつ、最後は非常に深いエッジのインサイドのイナバウアー。羽生のイナバウアーは毎回そうなのですが、背中のアーチも素晴らしい。

●助走をまったくせず、ステップを踏むことだけでスピードを確保し、密度の濃いトランジションから跳んでいるトリプルループ。

オータムクラシックのときもそうでしたが、あまりにも飛ぶ前の準備がないので、「このままトランジションがしばらく続くのかな」と、こちらが思っているところに3回転ジャンプが入ってくる。驚くしかありません。

●前半の4回転サルコーに続き、今度もリンクの長辺をほぼいっぱいに使ってトランジションを入れて跳ぶ4回転トウ。ここも助走がミニマム。

トランジションのエッジワークが正確でなくては、「4回転ジャンプのような大きなジャンプを跳ぶのに必要なスピードを上げていく」ことはできないと私は思います。

こうした、非常に距離の長いトランジションの後に、こともなげに大技を組み入れる。これが「ジャンプを跳ぶだけでは充分ではない」という羽生結弦の明確な主張のひとつだと思っているのです。

●そして今回、フィギュアスケートの歴史の中で初めて実施された、4回転トウからトリプルアクセル！

4回転トウを右足で降りた後、降りた右足でさらにジャンプを踏み切る場合は「コンビネーションジャンプ」とみなされますが、羽生は右足から左足に踏み替えてトリプルアクセルを跳んでいます。つまり、ここはコンビネーションジャンプではなく、「ジャンプシークエンス」です。

練習でこの組み合わせに何度も成功していたのは、ニュースなどで目にしていました。トリプルアクセルの着氷後にフリーレッグを高くキックするトランジションを入れている様子も見たことがあります。

しかし本番でトライし、認定されるレベルでまとめてくるとは。テレビから流れてくる会場の割れんばかりの歓声。その中で私はただただ呆然とするばかり……。

練習で成功する。それだけでも充分にすごいことですが、本番で成功することとは、まったくの別物ではないかと私は思います（ここで「別物です」という断定口調にしないことをご不満に思う方もいるかもしれません。しかし断定をしないのは、私がスケートは遊び程度しかできない人間で、『フィギュアスケート』というスポーツを自分ですることができないからです)。

しかもこのシークエンスは、プログラム前半ではなく、疲れがたまる後半に入れてきているのです。形容する言葉が見つかりません。

●トリプルフリップからトリプルトウのコンビネーションジャンプに入る前に、リンクの長辺を往復している。その間の9割以上がコンビネーションジャンプに入るためのトランジションになっている。この圧倒的な長さのトランジションで、まさかコンビネーションジャンプ(しかもふたつめのジャンプが2回転ではなく3回転)を跳ぶとは!

●カウンターからトリプルアクセル、オイラー、トリプルサルコーの3連続ジャンプ。ジャンプの最後の要素に、このトリプルアクセルからの3連続を入れてくるのもすごい。

しかもアクセルを飛ぶ前にカウンターを入れるというところに、体力的にも本当にキツい時間帯でもトランジションをおろそかにしない意志が感じられます。

ちなみに「オイラー」というのは、前シーズンまで「ハーフループ」と呼ばれていたジャンプのこと。2018〜19年シーズンから名前が変更になりました。「ハーフループ」と呼ばれていましたが、ループジャンプはそもそも「バックアウトサイドエッジで踏み切り、踏み切った足と同じ足で、バックアウトサイドエッジで着氷する」というジャンプです。しかしこのオイラーは、「踏み切ったほうの足とは逆の足で、しかもバックインサイドエッジで着氷する」というジャンプです。ですからこのジャンプに「ループ」と名をつけるのは混乱を招きかねないという判断があったかと思うのです。

加えて、このジャンプは「後ろ向きで跳び上がり、着氷も後ろ向き」。すなわち1回転しているわけで、「ハーフ」でもない……という声もありました。

そうした誤解を招きかねない表現から「オイラー」へと変更されました。

●コレオシークエンスは、羽生結弦のトレードマークとも言えそうな、レイバックイナバウアーとハイドロブレーディングが見せ場です。レイバックイナバウアーの見事な背中のアーチを、腕を振る勢いではなく筋力だけで作ってみせる体力も、ハイドロブレーディングのなめらかさも、いつもながら特筆すべき場面です。

ちなみにロシア大会で実施したレイバックイナバウアーでは、両腕を均等に広げていった後、左腕を内側にしならせて頭上へと持っていくポーズにしていました。

これはプルシェンコの『ニジンスキーに捧ぐ』にオマージュを捧げたポーズかなと思います。『ニジンスキーに捧ぐ』でプルシェンコがオマージュを捧げているバレエダンサー、ヴァーツラフ・ニジンスキーの『薔薇《ばら》の精』に着想を得たこのポーズが、プルシェンコから羽生へと受け継がれた瞬間を見た気がしました。

また、「このレイバックイナバウアーが終わった直後の、見事な片足でのエッジの切り替え」も見どころに挙げたいと思います。

最初は左足で、次に右足で、それぞれに「フォア／バック」を切り替えていく歯切れのよさ。プログラムの締めくくりでも、まだここまでのことが「余力を残している」かのように遂行できる。これは体力がすさまじいのかテクニックが素晴らしいのか。いや、おそらくその両方でしょう。

●ハイドロブレーディングの流れで、ダイレクトにデスドロップ。そして足替えのシットスピンへ。こうした「隙間」のまったくないプログラムがずっと続いているにもかかわらず、スピンから感じられるのは、音楽の盛り上がりとの同調性です。

ひとつひとつの技の要素も、そしてトランジションとしてのエッジワークも、想像を絶するほど難しいのに、「技を実施するタイミングや回転速度、トランジションの足さばきが音楽のリズム、音符、曲想とピッタリ合っている」ことが観客に伝わる。「スケートが曲を表現する」とは、このことだと私は思っているのです。

●ラストの足替えのコンビネーションスピンの中にもフライングの要素を入れる。4分間、まったく休みなしに滑り、疲れが最高潮に達する最後の要素で、こうした小さなドラマを入れてくるのもチャレンジングだと思います。
ラストのスピンのポジションは、右足を軸足にして、左足を右足の前方に巻き込んで回転速度を上げていく、スタンディングの姿勢でおこなうスピンです。羽生結弦が競技会においてこのスピンをフィニッシュに用いたのは、2011～12年シーズンのショートプログラム『悲愴』以来ではなかったかな、と思うのですが、このスピンは、プルシェンコの『ニジンスキーに捧ぐ』のラストでも用いられています。

演技後に、ねぎらうように氷を叩いた後、その手をしばらく氷に置いていた羽生結弦。満足がいく演技ができたときに氷を叩いたりキスをした、偉大なスケーターたちの姿を懐かしく思い出しました。

アレクセイ・ヤグディンの１９９９年世界選手権フリー（Alexei Yagudin 1999 Worlds FS）と、２００２年ソルトレークシティオリンピックのフリー（2002 Olympics FS）。ジェフリー・バトルの２００８年世界選手権フリー（Jeffrey Buttle 2008 Worlds FS）。そしてデニス・テンの２００９年と２０１３年の世界選手権のフリー（Denis Ten 2009 Worlds FS, 2013 Worlds FS）。パトリック・チャンの２０１６年四大陸選手権のフリー（Patrick Chan 2016 4CC FS）。

そしてもうひとり、世界選手権やオリンピックのメダルには手が届かなかったものの、そのシームレスかつ美しいスケートで、ほとんどすべての試合で夢心地にさせてくれたミーシャ・ジーは、確か２０１５年、２０１７年、そして２０１８年の世界選手権フリー（Misha Ge 2015 Worlds FS, 2017 Worlds FS, 2018 Worlds FS）で氷へのキスを捧げていたかと思います。

羽生結弦というひとりのスケーターの素晴らしい演技が、過去の素晴らしいスケーターの演技の記憶まで呼び起こす……。好きなスポーツを長く見続ければ見続けるほど、こうした喜びが味わえるのも格別です。

『Origin』はシェイ＝リーン・ボーン氏の振り付けです（以下シェイリーン氏）。シェイリーン氏は2014～15年シーズンの羽生のフリー『オペラ座の怪人』以来、ずっと羽生のフリーの振り付けを担当しています。今回の『Origin』で、シェイリーン氏は日本の神話、特に『古事記』からインスピレーションを得て、「日本の創造」をイメージし、羽生のプログラムを作成したそうです。シェイリーン氏の中にも、日本に対する『Origin』のイメージがあったのでしょう。

オープニングの「地面から何かが生まれる」ようなポーズから、フィニッシュの「天に向かって何かを解き放つ」様を思わせるポーズまで……。私は、シェイリーン氏が、「西洋から見た、日本の『天地創造』」を羽生結弦に授けたように感じています。

羽生結弦は「スケーティングの進化」に身を捧げる

羽生のプログラムは最初から最後まで、ほかの選手と比較しても明白に短い助走ですべてのジャンプを跳んでいきます。それはつまり、「ジャンプ、スピン、ステップ以外の部分が、圧倒的に濃密である」ということです。

私にとって非常に大切なことなので繰り返させていただきますが、フィギュアスケートのそもそもの成り立ちは「氷に図形（フィギュア）を描くこと」です。その図形は、基本的に片足で描くものです。

前向きに滑る「フォア」、後ろ向きに滑るのが「バック」、エッジの内側で滑る「インサイド」、エッジの外側で滑るのが「アウトサイド」。そして「右足で滑っているか／左足で滑っているか」まで含めると、片足の滑りだけで8種類あります。

その8種類のエッジを複雑に組み合わせて、スムーズに滑ることが、スケーターには求められます。

加えて、8種類のエッジを切り替えるからこそ生まれるステップやターンのほか、エッジを動かさずにピタッと固定して、なめらかに滑り続けていくものもあります。イーグルやイナバウアー、ハイドロブレーディング、スパイラルといった「ムーヴズ・イン・ザ・フィールド」です。それらの動きも、単に「披露する」のではなく「複雑なステップやターンの流れの中に組み合わせていく」のです。

スムーズに滑れば滑るほど、氷の上の図形は精緻に美しく描かれる。そして助走にかける時間が少なくなればなるほど、美しい図形がたくさん描かれることになるのです。「フォア／バック」「インサイド／アウトサイド」「右足／左足」の切り替えで生まれる、ひとつひとつのエッジワーク、スケーティングのスピード、伸びやかさ、切り返しの歯切れのよさを「質」とします。演技をしている間、どれだけの時間、その見事なスケーティングを披露し続けていたか。それを「量」だとします。

羽生はスケーティングの「質」も「量」も、信じられないほど高いレベルでそろえてきました。

「これだけの左右の足の踏み替え、前後（フォアエッジとバックエッジ）の切り替え、インサイドとアウトサイドの切り替え……。疲労度が半端ではないのはもちろんのこと、もしジャンプで転倒した場合、エッジワークのリカバリーだって大変なはず」

と、うなってしまうような密度の高さでした。

「スケーティングを向上させるには、一日一日、地道な練習を重ねていくしかない」

という意味の言葉を、これまで多くのスケーターたちが口にしてきました。

だとしたら、羽生結弦は、今シーズンの『Otonal』と『Origin』にたどり着くために、「地道な練習」にどれだけの日々を重ねてきたのでしょうか。私には想像もつきません。

大きな歴史の中に何かを「捧げる」資格

羽生結弦は、8月の終わりにメディアの共同取材で、

「これからは自分のために滑ってもいいのかなと思った」

という言葉を残しています。

私は、今シーズンのショートプログラム、フリーと鑑賞したいまになって、「羽生結弦というスケーターにとって『自分のために滑る』というのは、『誰よりもよくわかっている〝現時点での、自分の限界〟を超えるスケートをしたい』という意味なのかもしれないなあ」

と、よりクリアに感じています。「4回転のアクセルを跳びたい」という目標も、そのひとつなのでしょう。

一方で羽生は、ヘルシンキ大会の前には、「勝たなきゃ意味がない」とも発言しました。

そして、そのヘルシンキ大会で優勝した後は、「パーフェクト・パッケージを目指す」と

も言っています。

これらの発言は、単に競技会における順位以上に、

「いままでの自分ができた、ベストの演技より上に行きたい」

という意味で私はとらえているのです。

ただ「競技会で1位になること」が目標ならば、例えばフリーにおける4回転トウとトリプルアクセルの組み合わせは、挑戦する・しない以前に、そもそもプログラムに入れることを検討すらしないはずだと思います。

先ほども言いましたが、この組み合わせは、4回転を右足で降りた後に左足に踏み替えてトリプルアクセルを跳んでいるので、「ジャンプシークエンス」です。コンビネーションジャンプとジャンプの基礎点は、「跳んだジャンプ単体ごとの基礎点の合計」というシンプルなものですが、ジャンプシークエンスの基礎点は、「跳んだジャンプの基礎点の合計に0・8倍をかける」というもの。非常に難しいゆえにリスクが高いのに、得られる点数が抑えられてしまうわけです。

「4回転トウからダブルトウのコンビネーションジャンプにすれば、点数を0・8倍にされることもないし、リスクも低い。4回転はもちろんダブルトウに余裕があればGOEも

見込める」

と、コーチのオーサー氏のみならず羽生本人も充分にわかっていることでしょう。

それでもリスクを承知で組み入れてくるのは、

「自分の限界を超えたい」

「いままでできなかったことを、やれるようになりたい」

という、自分の気持ちに捧げる根源的な「何か」があったのでしょう。

実際、オータムクラシックの公式練習の様子を報じた2018年9月22日の「スポーツ報知」では、羽生の次の言葉が報道されていました。

「ちょっともったいないところもあるので、今まで入れてこられなかった。今は本当にスコアは関係なく思っているので。ある意味、そのしがらみからは解放されて、こういうことも考えられるようになった」

オータムクラシックではこのジャンプの組み合わせは実施されませんでしたが、1か月半後のヘルシンキ大会で有言実行。オリンピックが終わっても、階段を上るスピードをまったくゆるめてはいないのです。

今シーズンからルールが改定され、男子シングルのフリーとペアスケーティングのフリーは演技時間が30秒短縮されて、4分間になりました。男子はジャンプの要素が8つから7つに減っています。加えて、技の基礎点の変更、出来栄えを示す「GOE」の幅は従来の「プラスマイナス3」から「プラスマイナス5」になりました。

まだ誰もが手探り状態であったとしても不思議ではないと思います。しかし羽生結弦は最初からフルスロットルです。

すでにフィギュアスケートの歴史に輝かしい名前を刻んでいる羽生結弦が、なおもギアを上げ続ける理由……。先ほど述べた「自分の限界を超えたい」という気持ちもあるでしょうが、私はもうひとつ推察していることがあります。それは、

「まだ幼いスケーターたちにも、何かインパクトを与えられたら」

と、羽生が思っている部分もあるのではないか、ということです。

子どものころの羽生がジョニー・ウィアーやエフゲニー・プルシェンコの演技に衝撃を受け、さらなる高みを目指したように、世界のどこかにいる「10年後、15年後に、フィギュア界の宝となる子どもたち」のために、羽生結弦は「全力」を見せ続けたいのかな、と思っているのです。

オリンピックでは演じられていないプルシェンコの『ニジンスキーに捧ぐ』を見た羽生結弦が大きなパワーを得たように、オリンピックや世界選手権ではない大会で羽生結弦の演技を見た、まだ小さな子どもたちが、とても大きなものを得るかもしれない、と私は期待しているところがあります。

ロシア大会の開催後、プルシェンコ氏の息子さんで「サーシャくん」という愛称のアレクサンドルくんが、自身のインスタグラムに「私にインスピレーションを与える羽生結弦さんのエレメント」という日本語のコメントとともに動画をアップしていました。『Origin』の曲に合わせ（それはすなわち『ニジンスキーに捧ぐ』の曲に合わせている、という意味でもあります）、サーシャくんがレイバックイナバウアーやハイドロブレーディングなどを披露していました。

サーシャくんだけでなく、世界のあちこちで、親御さんやコーチの前で同じことをやっている小さな子どもたちがたくさんいるに違いない……。そんな、確信に近い思いを持てることは、フィギュアスケートファンとしてとても幸せなことです。

そんなふうに受け渡されていくバトンがあること。真にすぐれた選手は、意識していようといまいと、そんな役割に身を捧げるようにできているのかもしれないこと。

そんなふうに10年後、15年後を想像してみるのも、私にはとても楽しいものなのです。

羽生結弦の「これから」に願うこと

羽生結弦はロシア大会のフリー当日の公式練習中、4回転ループの着氷にミスが出て負傷。しかしフリーに出場し優勝しました。

ドクターの視診と触診により「前下脛腓靭帯損傷《ぜんかけいひ》」「三角靭帯損傷」「腓骨筋腱損傷疑《ひこつきんけん》い」の診断。フリーの演技後、ドクターは3週間の安静を言い渡したそうです。

第1章にも書きましたが、大前提として、アスリートに限らず人は皆、健康であることが何より優先されるべきだと私は思っています。そして、競技生活を終えたアスリートには第二の人生を万全の体調で迎えてほしいと強く願っています。

その大前提はありますが、それでも、アスリートが「この舞台には、リスクを背負ってでも自分のすべてをぶつけたい」と思う気持ちに、私はストップをかけられません。

ロシアの地で、ロシアの観客に、ロシアのスケート界に、ロシアのスケーターたちに捧げたいものが羽生結弦にあった。私はそう解釈しています。

アレクセイ・ヤグディン氏とタチアナ・タラソワ氏は、ロシア大会の羽生のショートプログラム、フリーとも、演技後にスタンディングオベーションを送っていました。ショートプログラムの演技直後、ヤグディン氏がタラソワ氏に、

「彼はフィギュアスケートの神ですね」

と話しかけ、タラソワ氏は、

「本当に。羽生、ブライアン（・オーサー氏）、この天才を世界に贈ってくれた国（日本）に感謝しています」

と感激を隠そうともしていませんでした。

フリーの演技直後、ヤグディン氏は、

「羽生も私たちと同じ人間。そのことが示されました。人間に完璧はありえませんが、それでも4回転サルコーと4回転トウは完璧だった。彼はオリンピックを2連覇し、現役を引退してもアイスショーのオファーは多数あるだろうに、それでも戦い続けるのです」

と羽生をたたえ、タラソワ氏は、

「彼の戦いに感動した。この場所に来て、たくさんの扉を開き、未来を見せてくれた。彼に会ったらお礼を言いたい」

と賛辞を送りました（ロシア語を専攻していた大学時代の友人に訳してもらいました）。

フリーの演技後は、プルシェンコのコーチだったアレクセイ・ミーシン氏の、「羽生は、世界でもっとも素晴らしい傑作。できるだけ早く回復することと、バンクーバー（グランプリファイナルの開催地）で見られることを願う」というコメントがニュースになっていました。

言うまでもなくロシアは超フィギュア大国であり、ヤグディン氏もタラソワ氏もミーシン氏も、ロシアのみならず世界のフィギュア界を引っ張ってきた最重要人物たちです。決して万全とは言えなかった羽生の演技を見た後で、3人がかけた言葉。私はこの言葉に触れて、

「この3人がなぜ世界をリードしてきたのか」

が、なんとなくわかるような気がしたのです。

スポーツの世界は残酷です。ましてや世界中のトップアスリートがしのぎを削っている場所なら、選手同士の「才能の差」は、実はごくごくわずかでしょう。しかし、そのわずかの差のために、どうしてもできない技があり、どうしても出せないタイムがあり、どうしても打ち込めない球がある。どんなに我が身を追い込んでも、内村航平やウサイン・ボ

ルト、ロジャー・フェデラーのようにはなれないように。

このわずかな「才能の差」が、結果として大きな開きになってしまうように、ごくごくわずかな「フィジカルの強さの差」も、結果として「めったにケガをしない人。ケガにたびたび見舞われてしまう人」に分かれてしまうのではないか、と私は思います。

個人的な話をして恐縮ですが、私はお酒を年に数度しか飲まない生活をずっと送ってきましたが、肝臓を壊しています。対して友人は休肝日をまったく設けていませんが、肝臓は健康そのものだそうです。

私は、自分に問題があるとも、友人がズルいとも、運命が残酷だとも思っていません。ただ、「自分の強さ・弱さのレベル」を受け入れて生きていこうと思うだけです。

トップアスリートと自分を引き比べるのが不遜だということは知っています。

しかし、羽生が、ロシア大会優勝の後のプレスカンファレンスで、

「足首がゆるいのでどうしようもない」

と、ケガをした部分がケガをする前より強くなることはないのを認めつつ、

「弱いというかもろいというか、それも羽生結弦」

と、語っていたことに、私はとても共感できます。

同時に、そんな自分を受け入れてもなお、世界のトップで戦い続ける意志を持っていることに、限りない尊敬を寄せています。

羽生結弦は冬季オリンピックにおける世界の宝です。そして夏のオリンピックにおける世界の宝・内村航平も、2017年と2018年、連続で靭帯損傷のケガを負っています。オリンピック連覇をキャリアのピークにして第二の人生を歩み始めたとしても、誰ひとり異を唱えないはずなのに、ふたりとも、リスクを承知のうえでまだ高みを目指してくれている。フィギュアスケートのファンとして、体操競技のファンとして、どんなに感謝しても足りません。

どんなに努力し、注意深く過ごしていても、競技を続ける以上、ケガや故障のリスクは避けられない。それはよくわかっています。わかっていても、羽生に、そして内村にもこれ以上のケガがないよう祈らずにはいられません。そして、彼らが本当に「自分を捧げたい」舞台に、なるべくいい状態で臨めることを願うばかりです。

2018年12月13日に、羽生結弦がケガからの回復を優先するために全日本選手権を欠場することが発表されました。平昌オリンピックまでの試合を欠場した前シーズンと同じく、私はこの決定に胸をなでおろしました。

私は、男子テニスの生きる伝説、ロジャー・フェデラーとラファエル・ナダルのプレイを、男子体操の王者の中の王者である内村航平の演技を、少しでも長く見ていたい。同様に、羽生結弦の演技を少しでも長く見ていたいのです。

花筏《はないかだ》をかすめ飛ぶ蝶、生きていく白鳥……エキシビションのここがすごい

本書のタイトルは『羽生結弦は捧げていく』です。これまで、羽生結弦が「フィギュアスケート」や「スケート界」に何を捧げていこうとしているか、私なりに考察してみましたが、ここでは、エキシビションのプログラムを振り返りながら、スケート以外の何かに羽生結弦が捧げようとしているものを考えてみたいと思います。

本書の刊行は2019年2月です。2011年3月11日に発生した東日本大震災から8年が経とうとしています。『羽生結弦は助走をしない』に書いていることではありますが、羽生が東日本大震災から現在にいたるまで、寄付も含めて本当に多くの献身的な活動をしていることは、私以上に皆さんのほうがよくご存じでしょう。

羽生結弦は地震発生時、宮城県の「アイスリンク仙台」にいました。そして、しばらく避難生活を強いられた被災者のひとりです。

私にとって、被災された当事者の方々の献身的な復興活動は、心から感銘を受けるものであると当時に、かすかに胸が痛むものでもあります。

被災された方は、自分の生活と健康を守ることだけ考えればいい。献身的に頑張るのは、あのとき東北にいなかった私たちの役目である……。私は強くそう信じます。

もちろんこの思いには、羽生結弦の活動に異を唱える意図などは一切ありません。

そうではなくて、

「私も日々の暮らしの中で、もっと考えるべきこと、向き合うべきことがあるはず」

という気持ちにさせられる。もっと正確に言うと「させてもらえる」のです。

羽生結弦には、東北だけでなく、日本各地の被災地や被災者の方々に思いを馳せたエキシビションのプログラムがたくさんあります。今回はふたつのプログラムを振り返りたいと思います。

◎**エキシビションプログラム『春よ、来い』**　（2018 GP Helsinki EX）

ユーミンこと松任谷《まつとうや》由実の『春よ、来い』の、ピアノのインストルメンタルバージョン。

グランプリ・ヘルシンキ大会のエキシビションで、このプログラムを海外では初披露しました。

私は松任谷由実が荒井由実だったころから大好きでして、好きな曲を絞るのは本当に難しいのですが、『春よ、来い』とリンクする、「桜」をテーマにした曲を2曲だけご紹介します。荒井由実時代のアルバム『COBALT HOUR』に収録されている『花紀行』。そして1983年発売の『REINCARNATION』に収録されている『経《ふ》る時』です。

『花紀行』は私が知る限り、桜を題材にしたポップスの中で、桜の淡さ、はかなさを、もっとも印象的にすくいとった曲。歌詞の中に「桜」という単語をあえて出さないのも、心憎いもの。これを発表したとき、ユーミンはまだ21歳だったことにも驚きます。

『経る時』は、メロディは実質1パターンしかありません。しかしその1パターンのメロディを次々に転調させて、曲全体を成立させてしまう。メロディメーカーとしての凄腕《すごうで》に鳥肌が立ちます。

そしてもちろん『春よ、来い』も大好きです。オリジナルは1994年に発売（シングル発売の1か月後にはアルバム『THE DANCING SUN』に収録されました）。また、東日本大震災の後、一般の人々から募集したこの曲のコーラス動画を重ね合わせた「新バージョン」を配信でアップし、その収益を全額、寄付しています。その意味で、この曲を羽生結弦が選んだことにも必然性を感じます。

　では、羽生結弦の『春よ、来い』、私が心を惹かれた箇所を綴っていきたいと思います。

●両手で頬を押さえるようなポーズで助走をし、左足フォアのアウトサイドエッジで大きくなめらかなカーブを描く。その左足を「バックから、もう1度フォア」に切り替えた後、小さな円を描くようなターン。この一連の流れが素晴らしい。そして右足に踏み替えてすぐにツイズル。

●トリプルループのトランジション。『春よ、来い』のメロディをご存じの方は、ピアノに合わせて口ずさんでいただきたいと思います。リンクの端の短辺部分で、羽生の左足フォアエッジが、インサイドとアウトサイドを行き来してから、左足のバックエッジに切り替わります。そのタイミングが、メロディとぴったり一致していることにお気づきになるかと思います。
　そこからトリプルループに行くまではリンクの長辺をほぼいっぱいに使ったトランジションですが、このトランジションもメロディとの同調性が見事です。

●トウをつくアラビアンターンからトラベリングキャメル、この距離の出方！　そして回転のポイントをピタッと決めてキャメルスピン。途中でフライングシットスピンへと移行。その際のフライングのエアリー感も素晴らしい。

●ハイドロブレーディングの距離とスピード、姿勢の低さ！　競技プログラムでは、トランジションも含めた要素を限界ギリギリまで入れ、密度を高めている羽生。こういったムーヴズ・イン・ザ・フィールドをここまで長い時間、長い距離で見せてくれるのはエキシビションならではの喜びです。

ちょっと話は飛んでしまいますが、「花筏」というものをご存じでしょうか。湖面や川面など、水面に浮かんだ数えきれない桜の花びらが、いかだのように見えることからこの名がつけられています。

『春よ、来い』という曲とあいまって、このハイドロブレーディングは「花筏をかすめ飛ぶ蝶」の姿をイメージしました。美しかった……。

●エッジで削った氷を手に収め、それを空中に放つシーン。

アレクセイ・ヤグディンのソルトレークシティオリンピックのショートプログラム『ウインター』の冒頭とラストでも、この演出が使われました。ヤグディンのプログラムは「雪を空に投げる」というイメージでしたが、羽生には「花びらを集めて、祈りとともに空へ放つ」という印象を持ちました。

●スッと高く舞い上がる蝶のようなシングルアクセルをはさんで、レイバックイナバウアーへ。このイナバウアーも、スピードといい距離といい絶品中の絶品。やはり私は、ムーヴズ・イン・ザ・フィールドが上手な選手が大好きです。

アームのポジションやレイバックの反り方を途中で変えていくのですが、レイバックをさらに反っていくときのアームの動きは、反りに勢いをつけるためではなく、純粋に美しさを表現するための動きなのも素晴らしい。

●ラストのコンビネーションスピンから、蝶が羽根をたたむような、春そのものを抱きとめるようなポーズのフィニッシュへ。心が洗われるひとときでした。

1994年の秋にこの曲をリリースした松任谷由実が、その16年半後に起こってしまった震災を機に、もう一度『春よ、来い』と歌ったように、羽生結弦も常に、被災地に本当の春が来ることを願っています。

ソチオリンピックで金メダルを獲得した直後、各国のプレスが集まった会見で、羽生は、「金メダルを獲っても、復興には貢献できていない無力感を感じている。ただ、金メダリストになれたからこそ、何かできることがあるんじゃないかと思う。僕がここにいられるのも、たくさんの人の助けがあったから。ここから恩返しをしていきたい」

といった意味の言葉を残しています。

その言葉を、羽生結弦は今日にいたるまで律儀すぎるほど律儀に実行してきたと私は感じています。

競技者としての羽生結弦は、いまやフィギュアスケートの歴史そのものに身を捧げています。そして競技を離れたところでは、手を取り合って復興の道を進んでいく人たちのために、多くのものを捧げているように私には感じられるのです。

◎エキシビションプログラム『ノッテ・ステラータ』（24時間テレビ内）

復興のために捧げてきたもの。その意味で私がもうひとつ、ここでご紹介したいプログラムは、２０１８年８月の日本テレビの24時間テレビ「愛は地球を救う」の中で披露した『ノッテ・ステラータ』です。羽生結弦が復興への思いを込め、福島県の被災者の方々を仙台のリンクに招待し、おこなった演技です。

実施した要素に関して私が感じたことは、第1章に記述しましたので、割愛させてください。ここでは、「羽生結弦が捧げてきたもの」にフォーカスを絞らせていただきます。

そして、ここからの文章には、まずお断りを入れなければなりません。

フィギュアスケートに限ったことではありませんが、私は基本的にものを書くときは、「自分なりの視点にこだわりつつも、自分が見た通りに書く」ことを守るようにしています。出典の怪しい伝聞を頼りにしない、自分の想像の域を出ないことを事実のように書かない。それが最低限の礼儀かな、と思っています。ですので、いまから書くことはあくまでも「私の想像に過ぎない」ことを明記しておきます。

バレエの『瀕死の白鳥』と羽生結弦の『ノッテ・ステラータ』のもっとも大きな違いは、

私は「ラストのポーズ」ではないかと感じています。

『瀕死の白鳥』のラストは、白鳥が息絶える瞬間で終わります。翼をたたむように、美しい首や顔を地面に横たえるようにして、息絶える白鳥……。それは確かに壮絶なほどの美しさですが、羽生結弦が『ノッテ・ステラータ』のラストで見せる美しさとは、やはり違うように感じられるのです。

『ノッテ・ステラータ』のラストを、やはり白鳥になぞらえるなら、「生きていく白鳥」だと私は思っています。翼はたたまれているというよりは、むしろ広がっています。明日に、未来に飛び立てるように。そして、なおも高みを目指すように上を向いたその顔には、希望の色が差している。

「手を伸ばす先にはきっと明るいものがある。そう信じることから、何かが始まる」

平昌オリンピックのエキシビションで演じた『ノッテ・ステラータ』を、私が病院のベッドで見ていたことは書きましたが、あのラストから、そんなメッセージを発する白鳥の姿を確かに感じたのです。

震災の当事者でありながら、被災者を常にバックアップしようと努力を続けている羽生結弦が、その思いを演技に込めるための、希望のラスト……。

繰り返しますが、これはあくまでも私の想像に過ぎません。

しかし、こうした思いを、私以上にダイレクトに受け取っていらっしゃるのは、24時間テレビの『ノッテ・ステラータ』を間近でご覧になって、涙をぬぐっていらした福島の被災者の方々かもしれないなあ、とも思うのです。

番組の中で、羽生結弦が2015年に福島県いわき市を訪れ、避難生活を送る楢葉町《ならはまち》の方々と語らうシーンが放映されていました。羽生は被災者の方々に向かい、

「スケートで結果をとれば、みんなが元気になってくれる。それがいちばんに、皆さんにできることだと思うんです」

と語っていました。

ソチオリンピックで金メダルを獲った直後の会見で口にした自分の言葉と、羽生はずっと向き合ってきた……。私はそう感じたのです。

そして平昌オリンピックで連覇を果たし、ソチと平昌、ふたつの金メダルを手に、ふるさとに帰還を果たされた楢葉町の人々と再会を果たしたのです。

2018〜19年シーズンのプログラムが発表されたのは、24時間テレビのオンエアの

数日後のことでした。フリーの『Origin』を日本語に訳すなら、「原点」や「起源」という意味になるでしょう。

このプログラムを選ぶにあたって、「自分のために滑ってもいいのかなと思った」と語った羽生ですが、私は、「羽生結弦という人は、オリンピック連覇という大偉業まで成し遂げて、ようやくこの言葉を口にすることができたのか」と、その言葉に思わず背すじが伸びたのです。

先ほど、震災の当事者である羽生結弦が、震災の復興のために長期にわたり献身的な活動を続けていることを書きました。羽生本人の言葉を借りれば、「勝ち負けに固執」していたのは、

「勝つことが被災者の方々の力になると、骨の髄まで感じていたからではないか」

と、私は思うのです。

『羽生結弦は助走をしない』の中で、私はこう書きました。

競技におけるどこまでも「貪欲」な姿勢と、競技を離れたところで立ち現れる「無私・滅私」な姿勢。

非常に対照的なふたつの顔が、矛盾なく同居している……。そんなふうに私には感じられるのです。

それもまた、羽生結弦のオリジナリティのひとつなのかもしれません。


この思いはいまでも変わっていません。

変わってはいませんが、これからはもっともっと自分の「好き、楽しい、幸せ」という気持ちのために生きてほしい。

羽生結弦のふたつの金メダルは、被災者の方々をはじめ世界中の多くの人に力を与えました。それはもちろん揺るぎない事実です。

そして、

「プルシェンコすごい！　ジョニーすごい！　スケートって面白い！」

という、子どものころの「原点」に立ち返ってスケートを心から楽しんでいる羽生結弦の姿もまた、世界中のスケート好きの子どもたちをはじめ、多くの人々にきっと力を与えるはず……。私は固くそう信じているのです。

2019～20年シーズンも現役を続行してくれる羽生結弦の中には、「これこそが自分の究極」という理想像が明確にあるのでしょう。４回転アクセルへの挑戦も、もちろんその中に含まれています。

誰よりも羽生自身のために、その理想が形になる日が来ますように。そして、その理想が実現されるために私が願うのは、羽生結弦が健康かつ幸せであることだけです。

第3章　私が愛する選手たち

平昌オリンピックが終わり、スケーターたちが再び第一歩を踏み出した2018〜19年シーズン。この章では、羽生結弦以外にも多くの注目を集めている男子シングル、女子シングルのスケーターたちをなるべくたくさんご紹介したいと思います。『羽生結弦は助走をしない』でもご紹介している選手もいますが、前著では（スペースの都合上）書けなかった美点を挙げていければと思います。

男子シングル

◆宇野昌磨

平昌オリンピック男子シングルの銀メダリストに輝き、2017年、2018年の世界選手権、また2018年グランプリファイナルでも銀メダルを獲得しています。押しも押されもせぬ、トップスケーターのひとりです。

会場で観戦するとはっきり体感できるのですが、音楽が響いて演技が始まる、その瞬間に急に体が大きく見えてしまうような錯覚を覚える選手がいます。私にとって宇野昌磨はそういう選手のひとりです。

それはスケーティングのなめらかさやスピードはもちろんのこと、宇野昌磨の上半身の使い方にも大きな理由があるのではと思います。

演技の冒頭からラストまでの、宇野昌磨の背中の美しさといったらありません。どんなに激しい動きをしていても、肩が内側に入ることなく、キュッと胸を張ったような姿勢をキープしている。おへそあたりから首すじあたりまでがしっかり伸びていて、猫背に見える瞬間がまったくないのです。

頭のてっぺんからつま先までが、しなやかに、かつ密接に連動している。そんな「ダンス」をいつも見せてくれるのは、観客にとって大きな喜びです。

フィギュアスケートを見るとき、私の目線はほとんど選手の足元にフォーカスしています。何度も書くことをお許しいただきたいのですが「フィギュアスケートは、氷にフィギュア（図形）を描くことが、そもそもの成り立ち」です。ですから視線のバランスは、

- 足元、特にスケート靴のエッジがどのように動いているかを8割
- ひざから上の振り付けや体のバランスと、エッジワークとの融合ぶりが2割

その「2割の視線」であっても、背中のアーチやピシッと芯の入ったアームの美しさがすさまじい情報量で入ってくる。それが「音楽が鳴った瞬間、体が一気に大きく見える」要因であり、ひいては、宇野昌磨のミュージカリティの高さの、大きなベースのひとつなのではと思っているのです。

今シーズン、ショートプログラムは『天国への階段』。レッド・ツェッペリンの名曲を、メキシコのギターデュオ、ロドリーゴ・イ・ガブリエーラがギターで演奏したものです。ラテンアメリカやスペインのニュアンスが色濃く漂う曲が非常にマッチするのも宇野の持ち味だと私は思っています。

ジュニア時代の2014〜15年シーズンのフリー『ドンファン』(2014 Jr. GPF FS)や、ピアソラの『ブエノスアイレス午前零時』とミルバのヴォーカルによる『ロコへのバラード』を使用した2017年世界選手権フリー(2017 Worlds FS)は、いまでも何度も見返すほど好きです。『ブエノスアイレス午前零時』に合わせたステップシークエンスは、どんどんテンポを上げていく曲調に見事にエッジワークが寄り添って、かつ、上半身のドラマティックな振り付けもまったくブレることがない、素晴らしいものでした。

今シーズンのショートプログラムのステップシークエンスも、徐々にテンポを上げていくギターの音符とエッジワークを調和させた、素晴らしい味わい。加えて、ボルテージが上がっていくギターのパッションが、上半身の振り付けとも呼応している。

ステップシークエンスは、当然すべての選手が取り入れなくてはいけない技術的要素ですが、「技を入れる」というよりは完全に「魅せる」域に達しているなあ、となるばかりです。

今シーズンのショートプログラム、組み込んできたジャンプは、4回転フリップ、4回転トウからのコンビネーションジャンプ、トリプルアクセルです。

特に4回転トウに入るときのトランジションが好みです。「ルッツジャンプに入るのかな」と思うほど、左足のバックアウトサイドエッジにグッと入り、その後すぐにエッジをフォアに切り替えて、ターン。そして4回転トウへ。

昨シーズンまでよりも、ジャンプ前のトランジションの1歩の大きさも、4回転トウのジャンプ自体も大きくなったように感じるのは、私の気のせいでしょうか。

トリプルアクセルも、イーグルからただちに跳び、着氷後にまたイーグルにつなげるスタイル（試合ごとのコンディションで、跳ぶ前のイーグルは実施しないこともあります）。特に着氷後のイーグルの流れ、スピードも、昨シーズンよりも上がっているように思われます。

フリーはベートーベンの『月光』をチョイス。ベートーベンの『月光』はフィギュアスケートのプログラムとして非常に人気のある曲です。静謐な曲がよく似合うスケーティングの持ち主が滑ると、このうえもない魅力を放ちます。

過去の名選手から、悩みに悩んでひとつだけ挙げるとすると……。私にとっては、ペアのエカテリーナ・ゴルデーワ&セルゲイ・グリンコフの1993〜94年シーズンのフリーでしょうか。珍しくややミスがあったオリンピックよりヨーロッパ選手権（Gordeeva & Grinkov 1994 Euro FS）のほうがさらに好みかもしれません。

ゴルデーワ&グリンコフは、プログラム序盤はベートーベンの『悲愴』の第1楽章、中盤から『月光』を使用しています。第1章で「ペアはユニゾンが醍醐味」と書きましたが、それはこのペアの演技を見て決定的な思いになったもの。とんでもないスピードでなめらかなスケーティングをしているのに「もしかしたら、ふたりは同じDNAを持つクローンかもしれない」と思うほど。ジャンプの着氷の際の、アウトサイドエッジの角度やフリーレッグの角度から、非常に速いソロスピンの回転速度の合わせ方まで、もう信じられないレベルでそろっている。男性が女性をスローする瞬間、男性のエッジが引っかかるような力みがまったくなく、スローの後も男性のエッジがストレスなくスーッと伸びていくあたりも素晴らしい。

プログラム全体にわたっての、スピード豊かで静謐なスケーティング。そしてその中からあふれる、熱。個人的な考えですが、このふたつを両立させられるスケーティング能力を持った選手が、『月光』をものにすることができる。私はそう思っています。

宇野昌磨の設定しているハードルが非常に高いことは、2014～15年シーズンから倍々ゲームのように飛躍的に伸びてきた「実績」を見れば容易に推察できます。だからこそ、今季、「静謐さの中のパッション」を自分のものにしようとしている（そしてそれがかなりうまくいっている）ことに拍手を送りたいのです。

『月光』は終盤からラストにかけて盛り上がりが用意されている曲です。宇野は過去のフリーにおいて、ラストにかけて盛り上がるところでコレオシークエンスを入れてきていましたが、今回はステップシークエンスにしています。

疲れがピークに達する時間帯に、多種多様なエッジワークをスムーズに駆使しなくてはいけない要素を入れてきている。ここにまず大きなチャレンジ精神を感じています。

コレオシークエンスは、今回はプログラムの中盤に配置。しかも宇野のトレードマークといえるクリムキンイーグルを外しています。私の印象では、クリムキンイーグルは、「静謐さ」の表出というよりは「パッション」や「強さ」の表出に非常にマッチしているムーヴズ・イン・ザ・フィールド。この決断は大成功だと思います。

このプログラムのコレオシークエンスは、「非常に距離の長いスムーズなアウトサイドエッジのイーグルが、途中からひざを曲げたポジションに変わっていく」、そして「右足のバックエッジがフォアに切り替わり、それが徐々に深くなるインサイドエッジへと移行していくうちに、いつの間にかイーグルになっている」というムーヴズ・イン・ザ・フィールドがメインになっています。特に、2番めの「フォアエッジが深くなって、いつの間にかイーグル」の美しさにはため息が漏れました。

持ち前のミュージカリティの高さに、静謐なスケーティングまで自家薬籠中の物になったとき、宇野昌磨がどんなスケーターになっているのか。その可能性の大きさを感じられるという点でも、この『月光』を心から楽しんでいるのです。

全日本選手権のショートプログラム（2018 Nationals SP）で足を負傷している可能性が高いことは、6分間練習中からはっきり伝わってきました。しかしショートプログラムもフリー（2018 Nationals FS）も素晴らしい演技を披露して、優勝。ただ、「素晴らしい演技だった」という大前提のもとに言いますが、私は選手たちの健康を何よりも強く願っています。「無理をおして出場すること」を過剰な美談にしないよう努めるのは、私も含めたメディア側の人間の役割かもしれません。

◆ネイサン・チェン

チャンピオンとなった2018年世界選手権。ショートプログラム（Nathan Chen 2018 Worlds SP）では3つのジャンプ要素をきっちり抑え込み、フリー（2018 Worlds FS）も、6回挑んだ4回転ジャンプがすべて認定されました。まったくすさまじいばかりのプログラムでした。

そして2018年のグランプリファイナルを、2017年に続き制覇しました。平昌シーズンのショートプログラムの『ネメシス』では、当時18歳だというのが信じられないほど、マチュアな空気感を漂わせるスケーターだと驚嘆したものです。

ネイサンの魅力は多岐にわたっています。もちろん4回転ルッツや4回転フリップなどの「ジャンプの能力」も大変素晴らしいのですが、私がもっとも惹き付けられるのは「ダンスの才能」。第1章でも触れましたが、現在の男子シングルのスケーターで、ここまでバレエをベースにおいたダンスができるのは特筆すべきことです。過去の男子シングルにも、アレクセイ・ウルマノフやヴィクトール・ペトレンコなど、クラシックバレエをしっかり身につけた名選手がいました。ネイサン・チェンはクラシックバレエだけでなく、モダンバレエのニュアンスまで込められる。『ネメシス』は、そんなネイサンのポテンシャルが発揮されていたプログラムでした。

２０１７年四大陸選手権のショートプログラム『海賊』（2017 4CC SP）は、その所作の美しさ、ところどころでバレエ『海賊』のニュアンスが顔を出す振り付けが深く心に残りました。「バレエのニュアンスが顔を出す」といっても、それができるようになるまでには、非常に長期間のバレエのトレーニングが必須だと私は思っています。

今シーズン、ショートプログラムの曲は『キャラバン』をベースに、『コーヒールンバ』を組み込んだもの。『コーヒールンバ』は西田佐知子や荻野目洋子、井上陽水などが日本語にして歌ったカバー曲のタイトルですから、本来の原曲タイトル『Moliendo Café』と言ったほうがいいかもしれません。

このプログラムを最初にしっかり見たのは２０１８年のスケートアメリカ（2018 Skate America SP）でしたが、本当に驚きました。

シニアに本格参戦するようになってからのネイサン・チェンは、2016～17年シーズンは「バレエで有名な曲をチョイスした年」、そして2017～18年シーズンは「シリアスで雄大さを感じさせる曲をチョイスした年」というイメージでした。

そのネイサンが今シーズンは、ラテンアメリカやスペインの、官能性が色濃く漂う曲と、明るく突き抜けるような曲をミックスして使ってくるとは！

この曲の組み合わせを「ネイサンには似合わないのでは」と思われる方もいらっしゃるかもしれませんが、私は、このチョイスは「ネイサンのチャレンジ」と受け止めます。

新しいタイプの曲調にチャレンジしても、それが成功するかどうかは、シーズンが終わるまではっきり見えてこない部分もあります。また、それほど合っているように思えない曲でも観客を引き込めるようになるというのは、もともと得意なジャンルの曲ならばさらに引き込むパワーが増す、ということ。

「踊りの地力が飛躍的に向上する」とは、そういうことだと思うのです。

それが、数年後の大勝負の際、選手自身を引っ張り上げてくれる力になる可能性も大きいのではないか、私はそう思っています。

オリンピックという大舞台が終わった次のシーズンだからこそできるチャレンジ。そして、世界チャンピオンに名を連ねることができたからこその大胆なチャレンジ。長い目で見て、ネイサンのそういう意欲的な姿にもワクワクさせられています。

ジャンプでは、トリプルアクセルの質が格段に上がっています。ジャンプの高さ、空中での回転の速さ、着氷時のフロー、すべて劇的に向上していました。

フリーの曲は『Land Of All』。映画『ノー・エスケープ　自由への国境』のサウンドトラックに収録されています。

不勉強ながら見ていなかった作品ですが、ガエル・ガルシア・ベルナル主演と知り、がぜん興味がわいてきました。私の大好きな映画監督でもある、ペドロ・アルモドバルの『バッド・エデュケーション』やアレハンドロ・ゴンザレス・イニャリトゥの『アモーレス・ペロス』に主演していた俳優です。『ノー・エスケープ　自由への国境』はメキシコとアメリカの間に厳然とある移民問題を描いた作品です。

そしてこのフリー（2018 GPF FS）は、『ネメシス』に続き、またもや傑作になりそうな予感……。プログラム全体を通しても、昨シーズンよりもトランジションの密度がグンと上がっているように感じられました。

昨シーズンのフリーは、プログラム中盤から後半にかけて「助走して跳んで、また助走して跳ぶ」という場面がやや目立ったのも事実です。4回転ジャンプを6つも組み込んでいたため、それは仕方がない部分もありました。

しかし、このプログラムはそういう印象を抱く場面が格段に少なかった。プログラム後半になってもスケーティングのスピードは落ちません。トランジションの一歩一歩の距離も出ていて、かつ非常に成熟した味わいで、個人的にとても好みです。

終盤のコレオシークエンスは、ハッとするようなエッジさばきのスピードと、ダンサーとしての能力がいかんなく発揮された振り付けのドラマ性が見事にブレンドされていて、テレビに向かって歓声をあげてしまったほどです。

アメリカでは移民問題は「いま、そこにある問題」として非常に切実。ネイサン自身、中国系アメリカ人ということもあって、この曲で演技をすることに大きな意味を見出《みいだ》しているように感じました。

大変にありきたりな表現になってしまいますが、「カッコいいのに、それだけでは収まらない」スケールの大きさ。これでまだ19歳ですから、やはり空恐ろしいスケーターであることは間違いありません。このプログラムの「完成形」を心待ちにしています。

◆ボーヤン・ジン

ボーヤン・ジン（金博洋）は2016年、2017年の世界選手権で銅メダル。オリンピックでは4位でした。

あくまで私個人の考えですが、「オリンピックの男子シングルはメダルが4枚欲しかった」というくらいの大激戦。宇野昌磨とハビエル・フェルナンデスに銀メダルが授与され、ショートプログラムをノーミス、フリーもジャンプのミスひとつに抑えたボーヤンに銅メダルが授与されたらどんなによかったか……と思ったほどです。

あれだけの戦いをしても、メダルには手が届かなかった厳しい現実から、どうやってエンジンを入れ直していくか。正直、私には想像もつかない境地です。しかも次の冬季オリンピックの開催地は北京。自国開催のオリンピックを24歳という選手として脂が乗り切った年齢で迎えるわけです。国中の期待を背負いながら、2022年まで駆け抜けていかなければならない。大変な日々が待ちかまえているのは明らかです。ただただ、ケガのないこと、気持ちをキープし続けられることを祈るのみです。

今シーズンのショートプログラムの曲は、ビートルズの『While My Guitar Gently Weeps』をピーター・フランプトンがカバーしたもの（Boyang Jin 2018 GP Helsinki SP）。

フリーの曲は『Hable con ella』。ネイサン・チェンに関する記述の中でも少し触れている映画監督のひとり、ペドロ・アルモドバルの『トーク・トゥ・ハー』で使用された曲です。このチョイスには本当に驚きました。映画は日本公開時に「これが究極の愛」といったフレーズで宣伝されていましたが、とんでもない。

私はこの映画を、

「意思の疎通ができないことの不幸を描いた作品」

「愛する人とのコミュニケーションの手段を永久に失ってしまった男と、愛する人に意識が戻った場合、彼女は全身全霊で自分の思いを拒否することを最初からわかっている男。そのふたりの男のうち、『どちらが幸せか』というよりは『どちらがより不幸ではないか』を描いた作品」

だと思っているくらいです。いずれにせよ、非常に難解な作品であることには変わりがありません。ボーヤンにとって本当に大きなチャレンジだと思います。

スペインのニュアンスが漂うギターの音色が美しい曲。しかし、ボーヤンの「天賦の才」ともいえるキュートで愛らしいパーソナリティを完全に封じて、世界観を構築していく。もしかしたら、コーチと振り付けのローリー・ニコル氏は、「ボーヤンを大人のスケーターにする」という目標を持って、このプログラムを作ったのかもしれないと感じます。

グランプリ・ヘルシンキ大会（2018 GP Helsinki FS）ではいくつかジャンプミスはありましたが、トレードマークの4回転ルッツの高さ、幅、回転軸の確かさは健在でした。『羽生結弦は助走をしない』でも書きましたが、ボーヤンには「大事な大会にピークを合わせていく能力」があると私は思っています。世界選手権での素晴らしい演技を期待せずにはいられません。

２０１８～１９年シーズンの開幕前、ボーヤンの練習場所や指導体制に関して、情報が二転三転しましたが、結局ボーヤンは中国でトレーニングを続けるとのこと。私はただ、すべての選択がボーヤンの意志を最優先にしたものであってほしいと願うだけです。

ボーヤン・ジンの、そのキビキビした演技も、演技から離れたところで立ち現れるパーソナリティも私は大好きです。平昌オリンピックで見せた涙にも胸を突かれました。そんな選手に、今度は自国のオリンピックで感激の涙を流してほしいのです。

◆チャ・ジュンファン

２０１５年からブライアン・オーサー氏の教えを受けているジュンファン。地元開催となった平昌オリンピックに16歳で出場し、15位に入ったのは大健闘と言っていいと思います。特にショートプログラムの『ジプシーダンス』(Junhwan Cha 2018 Olympics SP)は、トリプルアクセルの着氷のタイミングと曲の盛り上がりの同調性が見事で、大歓声がわき起こりました。

2018~19年シーズンのグランプリファイナルで3位に入賞。着実に階段を上っています。ショートプログラム(2018 GPF SP)の4回転サルコーは回転不足の判定がついてしまいましたが、ケガに苦しんでいた前シーズンのスケートカナダで跳んだ4回転サルコーと比べれば、はるかに高く大きなジャンプになっていました。フリー(2018 GPS FS)の美しいサルコーを見れば、「どの試合でもコンスタントに跳べる」という意味での「完成」は間近。ケガの回復も順調な証拠だと感じられるのも嬉しい。

また、ショートプログラム、フリーともに入れている、トリプルルッツからのコンビネーションジャンプは、ふたつめのジャンプを、前シーズンのトリプルトウからトリプルループにバージョンアップしています。

そして、オーサー氏(およびクリケットクラブ)仕込みのスケーティングスキルをベースにした、プログラム全体から漂うエレガンスも素晴らしい。特にショートプログラムの曲をプロコフィエフの『シンデレラ』にしていることは驚きでした。

プロコフィエフは、不協和音の連続の中にロマンティックな味わいを隠しているような、一聴すると難解に思えるほど、凝った曲を作り出す作曲家。10代の選手がこの曲で滑るのは大きなチャレンジだと思うのですが、とても軽やかに音楽をまとっているように感じられました。

フリーは、映画『ロミオ+ジュリエット』のサウンドトラックから。羽生結弦の2011～12年シーズンのフリーを思い出された方も多いと思います。羽生のプログラムから爆発的に放たれていた激しさや熱さとはまた違う、ジュンファンのエレガントな魅力にあふれたプロ。しかしながらジャンプの最後の要素のトリプルループは、曲中の「ジュリエット！」という叫びに呼応する着氷時のアームの動きが本当に素敵でした。

北京オリンピックは20歳で迎えるジュンファンにも、これからケガのない日々を送ってほしい。持ち前のエレガンスに、よりマチュアなスケーティングが加わったら、どんな選手になるのか。私は心から楽しみにしています。

◆ハビエル・フェルナンデス

平昌オリンピック銅メダリスト。２０１５年、２０１６年と、世界選手権で連続優勝も果たしたスペインの宝。「ヨーロッパの星」と言ってもいいかもしれません。

平昌後は休養にあてていましたが、２０１８年10月、ジャパンオープンのために来日し、欧州チームのメンバーとして、平昌オリンピックのフリー『ラ・マンチャの男』を演じてくれました（Javier Fernandez 2018 Japan Open FS）。

ジャパンオープンは、超一流のプロスケーターとアマチュア選手が混成チームを組んで、国・地域対抗形式で争う大会です。私は幸運にも会場で観戦できたのですが、フェルナンデスのプログラムに、ある感慨をいだいていました。

ジャパンオープンのフリーは、後半に4回転サルコーを跳ばない構成でした（実際の演技では、プログラム前半に跳んだサルコーは4回転ではなく3回転。しかしこのジャンプについては、助走の勢いやトランジションのパターンから、「4回転サルコーを跳ぶ予定だったが、3回転になった」と判断しています）。

プログラムの変更を責めているわけではありません。私がいだいていたのは、むしろ真逆の、感謝に近い思いでした。

「ああ、どの選手もそうだったように、フェルナンデスも平昌のためにギリギリまでトレーニングを積んできたのだ。平昌でピークを迎えること、ピークのときにできる最高の演技をギリギリまで突き詰めること。ずっとそういう鍛錬を積んできてくれたからこそ、私は観客として、平昌の奇跡に立ち会うことができたのだ」

そして、自分の中の大きな山を越え切ったフェルナンデスは、それでも完全にエンジンを切ることなく、7か月半後の日本で素晴らしい演技を見せてくれたのです。

2018年11月末、フェルナンデスが2019年1月のヨーロッパ選手権で競技人生に幕をひくことが発表されました。

フェルナンデスに捧げる感情は、やはり感謝が似つかわしい。そう確信しています。

◆山本草太

「本当に」を10回繰り返しても足りないくらい、好きな選手のひとりです。

私が山本草太の演技に狂喜乱舞したのは、2014年のジュニアグランプリファイナルのショートプログラム（2014 Jr. GPF SP）でした。当時中学3年生の山本は、ラフマニノフの『ピアノ協奏曲第1番』と『第2番』をつないだ曲で滑りました。オールドファンとしては、伊藤みどりのアルベールビルオリンピックのフリー（1992 Olympics FS）を思わせる編曲です。

ストレスのない、なめらかなスケーティング。力や足の振り上げではなく、スピードとタイミングで踏み切るジャンプは、着氷時の流れも素晴らしい。特にルッツは、その踏み切りのスムーズさから着氷後のトランジションまで、見惚れてしまうほどでした。

スピンは、回転の速さ、軸の確かさ、エッジの切り替えの見事さがあいまって、「すでに『完成』の域に近づいているのでは」と思わせるほどのクオリティ。

山本が小学生のころから「きれいな滑りをする選手だなあ」と思ってはいましたが、このプログラムを見たとき、「この年齢でここまで端正な滑りができる選手は、世界を探したってそうそういない！」と、大感激したものです。

その山本が、骨折からの長いリハビリを経て、２０１７年の全日本選手権へ出場するために始動したというニュースを、私はただただ涙を流しながら見ていました。

予選にあたる秋の地区大会では、まだジャンプは1回転のみ。ニュースでその映像を見たとき、私はテレビ画面に向かって拍手をしながらつぶやきました。

「ここに戻ってきてくれた」と。

そして、２０１７年の全日本選手権のショートプログラム（2017 Nationals SP）、山本草太はトリプル・トリプルのコンビネーションとトリプルループを決めてみせました。

時計回りのツイズルから始まるステップシークエンスの大きさとスムーズさ、そこに加わったドラマティックさ。ラストのコンビネーションスピンで、私は、

「ここまで戻してくれた」

と、涙を流すことになったのです。


「選手たちが、困難を乗り越えて、最高の舞台で最高のものを出そうとしてくる、その『意志』こそを、『もっとも素晴らしいもの』としてリスペクトしなければ」

と、私は常に心に留めています。

山本草太は、その「意志」を２０１７年の全日本選手権で見せてくれました。

そして今シーズンのＮＨＫ杯が、山本草太にとってグランプリシリーズのデビュー戦となりました。ショートプログラム（2018 NHK Trophy SP）で、素晴らしいトリプルアクセルを決めてみせました。細くまっすぐな回転軸と、着氷後の見事なフロー。このジャンプそのもののクオリティでＧＯＥが2点近くついたのも納得です。

ジュニアのころから人々を魅了していたスピンも健在。いいえ、さらに磨かれているよう

にさえ感じます。回転の速さ、エッジの切り替えやポジションの移行の際のスムーズさも特筆すべきだと思います。

単独ジャンプのトリプルフリップは、着氷後のエッジワークもなめらか。そしてステップシークエンスは一歩一歩の大きさを意識していることがはっきり伝わってくる。ラストの、両手を合わせて天に祈りを捧げるような振り付けの中でおこなうイーグルで、一瞬にして私の視界は曇りました。

使用した『G線上のアリア』は、私にはスケーティング能力が突出して高い選手たちが使用してこそ似合う曲、というイメージです。その決定版はアイスダンスのマリナ・クリモワ&セルゲイ・ポノマレンコのアルベールビルオリンピックのフリーダンス（Klimova & Ponomarenko 1992 Olympics FD）でしょうか。解説を務められていた五十嵐文男氏が、

「解説のしようがないですね。素晴らしいですよ」

と、感激をあらわになさっていたのが、いまでも印象に残っています。

山本草太がこの曲に18歳でチャレンジし、素晴らしい印象を残してくれたことも、私には本当に嬉しかった。

そして全日本選手権のフリー（2018 Nationals FS）では、冒頭で見事な4回転トウを決

めました。6分間練習で、トランジションをほとんど入れずに余裕のある3回転トウを跳んでいましたので「もしかしたら」という予感はありましたが、いざ4回転トウの成功を目の当たりにすると、拍手とともに熱いものがこみあげてきました。ここまでどれほど苦しい道のりを歩いてきたことか……。

山本草太にとっても2022年の北京オリンピック出場は悲願中の悲願でしょう。当然、体のケアに注意も払っていることでしょう。それでも、ケガの不運はすべての選手につきまとう。そんな不運がこれ以上、山本草太に訪れないことを猛烈に祈っています。

◆友野一希《かずき》

2018年の世界選手権に初出場、ショートプログラムもフリーも素晴らしい演技を披露し、5位に入賞しました。どんなに褒めても褒め足りないと断言できるほど素晴らしかった。この思いは、試合をご覧になっていた多くの方々と共有できると確信しています。

そのことを書かせていただく前にまず、さらにひとつ前のシーズン、2016~17年シーズンのことを振り返らせてください。

このときのフリー『巴里《パリ》のアメリカ人』は、私も大好きな映画の曲。歴代の名選手のプログラムでは、サルコーとトウ、2種類の4回転を取り入れて、ソルトレークシティオリンピックの男子シングルで銅メダルに輝いたティモシー・ゲーブルのフリー（Timothy Goebel 2002 Olympics FS）。現在でも現役で活躍してくれているミハル・ブレジナの2010年世界選手権フリー（Michal Brezina 2010 Worlds FS）も見応えがあります。

友野一希の『巴里のアメリカ人』は、そういった名選手たちのプログラムにも引けをとらないものでした。ミュージカル映画の楽しさや躍動感、華やかさをリンクに持ち込む。それはスケーターのミュージカリティの根幹をなす部分です。それをまだ10代の選手がものにしていたことは、本当に驚くべきことでした。

そして2018年、世界選手権に初出場した友野一希のショート（2018 Worlds SP）の『ツィゴイネルワイゼン』は、4回転サルコーを含むすべての要素がノーミスの出来。演技後半の、曲調が速くなる展開に合わせたステップシークエンスも見応えがありました。演技が終わりキス&クライへ戻ってゆく際に、こみあげる涙をぬぐう姿が映し出され、

「ああ、ものすごいプレッシャーの中で演技をしていたんだな」

と、こちらまでジーンとしてしまったほどです。

フリー（2018 Worlds FS）は『ウェストサイド・ストーリー』。冒頭の4回転サルコーの

着氷でやや乱れた以外は素晴らしい出来！　ルッツとフリップを跳ぶときに「跳ぶ前に前傾姿勢になるように見えること。トウを突く直前、その左足のひざが曲がって、その曲げたひざを振り戻す勢いでトウを突くように見えること」というクセがどんどん改善されてきて、美しいジャンプになりつつあるのも素敵でした。

ショートプログラムで感激と安堵の涙をこぼした友野は、このフリーでは会心の笑みで演技を終えました。点数が出たとき、キス&クライでコーチと肩を組んで喜ぶ姿にも拍手を送った私です。

友野のフリーの曲は、私にとってはカタリナ・ヴィットの１９８７年世界選手権のフリー（Katarina Witt 1987 Worlds FS）を思い起こさせるものでした。中盤の『マリア』からラストまで、使用する曲や順番に非常に通じるものを感じたのです。そして友野の演技は、ヴィットの演技と遜色ないほどの感動を与えてくれました。

「これから」の日本人選手が、歴史に名前を刻んでいるレジェンド中のレジェンドと同じ曲を使い、肩を並べるほどの印象を残してくれる……。これは本当に嬉しいことです。

今シーズンのショートプログラムは『ニュー・シネマ・パラダイス』。スローからミディアムな曲で美しい演技を披露するのが得意なミーシャ・ジーの振り付け。フリーは『リバーダンス』です。

特にフリーのステップシークエンスは、勢いのある曲の旋律やリズムと、エッジワークのひとつひとつがピッタリ同調した、目も心も惹かれる構成です。前シーズンより、「曲のとらえ方」という面でも、一段上を目指していることが見て取れるプログラムです。

これはフィギュアスケートに限った話ではないと思うのですが、人は、1度「会心の出来」を経験してしまうと、その後、

「この間はあれだけできたのに……」

と、自分を責めやすくなる傾向があると思います。

友野には、その落とし穴にはまってほしくない。長期的な視点で、自分のスケートの完成を目指してほしいと切に願っています。

ロシア大会のフリー（2018 Rostelecom Cup FS）は、スケートカナダより17点以上高い点を獲得し、総合3位に入りました。全日本選手権では4位でしたが、きっとこの経験をバネにできるはず。大きな舞台になればなるほど輝ける選手であるはず、と私は心から期待しているのです。

◆須本光希《みつき》・島田高志郎《こうしろう》・鍵山優真《ゆうま》・佐藤駿《しゅん》

ジュニアの選手をここで挙げさせてください。

2017年の全日本選手権のフリー、須本光希の『レ・ミゼラブル』（2017 Nationals FS）のことは、どうしても書いておきたかったのです。「どんなに拍手しても足りない！」と思えるほどの素晴らしさでした。特にプログラム終盤、『民衆の歌』が流れ始めてからの足さばきといったら！　歌声と足さばきが、「ジュニア選手だなんてとても信じられない」と思うほど厳密に調和していたのです。

「エッジそのものが歌っている」

と言いたくなるような時間帯が、疲れも当然あるはずのプログラム終盤からラストまでずっと続きます。コレオシークエンスのラストのイーグルも、歌声がもっとも高いキーになる瞬間にチェンジエッジをして、びっくりするくらい深いインサイドに切り替わるのです。

「これぞミュージカリティ。エッジが表現をするミュージカリティ！」

と、テレビ画面に向かって叫びたくなったほどです。

年齢的にジュニアにいられる時期のうちに4回転ジャンプを身につけ、それからシニアに本格参戦したいというプランを立てているという須本光希。2018年の全日本ジュニア選手権の前日練習でケガを負ってしまったことに心が痛みます。何よりも体を大切に、そしてこのミュージカリティを大切に、成長を続けていってほしい存在です。

そして島田高志郎。2018年ジュニアグランプリファイナルで3位、全日本選手権で5位となりました。現在、スイスのレジェンドスケーター、ステファン・ランビエール氏の指導を仰いでいます。この2018~19年シーズン時は17歳の選手です。

全日本選手権のショートプログラム（2018 Nationals SP）には衝撃を覚えました。手足の長さと肩幅のバランスのよさ！

個人的な考えではありますが、私は、「ダンス、演劇のステージ、あるいは氷上……。その舞台はどこであれ、『観客にパフォーマンスを見せる』人の中には、もう『選ばれちゃった』としか言いようのない骨格や頭身バランスを持っている人がいる。そういう人が放射するパワーはケタ外れだ」と思っています。島田高志郎は、まさにそういう人のひとりだと思います。

ショートプログラム（2018 Jr. GP Linz SP）の曲は『アディオス』。平昌シーズンのネイサン・チェンがショートプログラムで使用していた『ネメシス』と同じ、ベンジャミン・クレメンタインの作品です。ジュニアの選手が踊るには非常に難しい曲であると思いますが、島田高志郎のショートプログラムは素晴らしい！　トリプルアクセルの見事さはもちろんですが、一挙手一投足、足さばきのひとつひとつが、ものすごい情報量で飛び込んでくる。この「伝える力」は、間違いなく今後の島田高志郎の大きな武器になってくれるはずです。

フリー『ブエノスアイレスの冬』（2018 Jr. GP Linz FS）も必見です。2回のトリプルアクセルを含むジャンプのクオリティはもちろんですが、私にとっては「ジュニア選手のプログラムで、ジャンプよりそれ以外のステップやダンスのほうにはるかに心を鷲摑《わしづか》みにされた」ということに衝撃を受けたのです。

「ヨーロッパのエレガンスを表現できる日本の17歳」と文字にしただけでは伝わりづらいかもしれませんが、演技をご覧になった方ならきっとご理解くださることと信じています。

ジュニア選手ながら全日本選手権ではフリーの最終滑走者に。4回転トウと4回転サルコーを1本ずつ組み込む（どちらも2回転に）という、ジュニアでの試合より格段に構成を上げて挑戦する姿に強い感銘を受けました。試合直後のインタビューでは悔しさや自分に対する怒りを表明していましたが、きっと糧にしてくれると確信しています。

鍵山優真は、アルベールビルとリレハンメル、2大会連続でオリンピック男子シングルの代表だった鍵山正和《まさかず》氏のご子息。15歳で全日本選手権のフリーの最終グループに残り、トリプルアクセル2本を組み込む見事な演技を披露しました。ジュニアの選手で、ダンスする上半身にピシッと芯が入っているような強さ、しなやかさがあるのが素晴らしい！

佐藤駿は鍵山優真と同学年。14歳でショートプログラム、フリーとも4回転トウに成功しました。ふたりとも、ただただケガなく順調に成長してほしいと切に願っています。

◆髙橋大輔

男子選手のラストは、この人。レジェンドスケーターのひとりが今シーズン復帰を果たしました。「ミュージカリティとは、何ぞや」ということを私に教えてくれたのは、ラフマニノフの『ピアノ協奏曲第2番』で演じた、髙橋の2005年スケートアメリカのフリー（2005 Skate America FS）でした。最後のストレートラインステップからあふれ出すドラマ性には、当時腰が抜けるほど驚いたものです。

その後の活躍は申すまでもないでしょう。2010年のバンクーバーオリンピックで銅メダル、同年の世界選手権で金メダルを獲得しています。

2014年のソチオリンピックに出場し、6位入賞。そして同年の10月にアマチュア競技からの引退を発表しています。

ソチオリンピック前後、髙橋大輔はケガに泣かされてきました。もしかしたら、ソチオリンピックの代表選考会を兼ねた2013年の全日本選手権も、ソチオリンピック本番も、本人の中では「完全燃焼できた」という実感が薄かったのかもしれません。

髙橋大輔が心から欲しているのは、「最後の試合を『やりきった』と思えて、心からの笑顔で観客にお辞儀をすること」かもしれない。復帰のニュースを聞いたとき、私はそう思いました。復帰初戦となった近畿選手権大会でも、決して満足のいく出来ではなかったでしょうに、その顔にはどこか吹っ切れたような笑みが浮かんでいたのが印象的でした。

全日本選手権のショートプログラム（2018 Nationals SP）の素晴らしい演技ももちろん大きな拍手を送りましたが、私にとってより印象的だったのはフリー（2018 Nationals FS）でした。「フリーで4回転を跳ぶかどうか、その決断をギリギリまで見極めている」とニュースで報じられていましたが、６分間練習で４回転トウに成功したことで決断したのでしょうか、演技冒頭でトライ。結果はやや着氷が乱れた３回転トウになりましたが、ただでさえ４回転を跳ぶのは大変なうえ、「きれいに決まらなかった場合、体力的な負担はより大きくなる」ということもわかっていたはずです。

それでも入れてきたガッツに、「誰よりも乗り越えたい相手である、自分自身」に対する意地、アスリートとしての意地を感じました。２０１９〜２０年シーズンも競技を続行する髙橋大輔、彼の意地が結実する日が来ることを祈ります。

女子シングル

注目の女子選手を書き進めていく前に、ひとつお断りをさせてください。

ここでは２０１８〜１９年シーズンの現在、シニアで競技をしている選手に限定して書かせていただきたいと思っています。

ロシアのジュニア女子には強豪選手がひしめいています。アンナ・シェルバコワ、アレクサンドラ・トゥルソワは複数の種類の４回転ジャンプを跳べますし、ジュニアとはとても思えないほどオールラウンドな美しいプログラムを滑りきるアリョーナ・コストルナヤにも目を見張ります。ただ、ロシア選手に限った話ではありませんが、どの選手も真の目標にしているのはシニアに上がってからの素晴らしい成績であるはず。彼女たちが真の勝負に入る北京オリンピック直前あたりに、まだ私にフィギュアスケートのことを書く機会が残されていたら、そのとき、さらに成熟したスケーターになっているはずの彼女たちのことを書き尽くしたい。そう熱望しています。

◆アリーナ・ザギトワ

シニアデビューしたシーズンにオリンピックで金メダル獲得というのは、私がフィギュアスケートを見始めた1980年からでは、ザギトワ以外いないのではないかと思います。

第1章で述べた通り、平昌シーズンはショートプログラム、フリーとも本当にシビアなプログラム。ジャンプを跳ぶ前に助走をほとんど入れず、エッジワークの組み合わせから跳んでいく構成でした。

単純な「体力的な過酷さ」だけではなく、

「エッジワークをこなしていく中で、どこか1箇所でもスピードが落ちてしまったら、ジャンプそのものが跳べなくなるリスクも高くなる。どこかでジャンプに大きなミスが出ても、気持ちを建て直す時間など一切ない」

という、技術的にも精神的にも非常に過酷なプログラムだったわけです。

そのことを深々と実感したのは、平昌の約1か月後に開催された世界選手権のフリー。最初のジャンプの要素である、トリプルルッツからトリプルループのコンビネーションジャンプの、最初のルッツで転倒。その後も転倒や回転不足が連続しました。

カードゲームで使うトランプを三角形に合わせて、段を作っていくトランプタワー。そこから1枚のトランプを引き抜いたらすべてが崩壊してしまうような……。そんなイメージが浮かんでしまいました。

逆説的かもしれませんが、私はこの世界選手権の演技を見て、

「平昌は、この奇跡的に難しいプログラムを、奇跡的なまでの強靭さでまとめたのだ」

と、ザギトワの能力の高さを改めて思い知ったのです。

今シーズン、ジャンプの得点に変更がなされ、「得点が10％上乗せされるジャンプの回数」にも制限が加わりました。つまり、プログラム後半にすべてのジャンプを入れるメリットはなくなったわけです。

新ルールの中でザギトワはどのように対応してくるか。そんな期待をしながら、10月の

ジャパンオープンのフリー（Alina Zagitova 2018 Japan Open FS）を会場で観戦しました。曲はビゼーの『カルメン』。女子シングルにおける『カルメン』というと、カタリナ・ヴィットの1988年カルガリーオリンピックのフリー（Katarina Witt 1988 Olympics FS）が有名ですが、ヴィットの『カルメン』を、

「氷の上で、女優が物語の世界を生きている。そんな演劇的なプログラム」

と形容するなら、ザギトワの『カルメン』は、

「アスリートが限界にチャレンジし、かつ物語の世界を表現する」

という感じでしょうか。私個人としては、平昌シーズンのフリー『ドン・キホーテ』より、こちらのほうが好きです。

そして、ジャンプを後半に固め打ちするメリットがなくなった今シーズン、ザギトワ（およびコーチのエテリ氏）からの「回答」は、戦慄に近い驚きでした。

「前半に4つのジャンプ要素、後半に3つのジャンプ要素」

という構成自体は、ほかの選手と大きな差はありません。平昌シーズンの「後半2分間に、7つのジャンプ要素」に比べて、多少ゆとりを感じるプログラムになるのかな、と予想しながら演技を見ていたのですが、最初のジャンプ要素であるダブルアクセルから、そ

の予想は大きく裏切られました。

ジャンプの前も後も、そのトランジションがほかの選手よりはるかに長い距離で、はるかに濃密なのです。すべてのジャンプの要素において、

「ジャンプ前、なめらかなエッジワークでどこまでの距離を進んでいけるか。そしてジャンプ後、着氷した足だけで、複雑なカーブを描いてどこまでの距離を進んでいけるか」にチャレンジしている。ジャパンオープンではすべてをきっちり成功させていました。

先ほど、この『カルメン』の印象を「アスリートが限界にチャレンジしている」と表現したのは、この複雑なトランジションが理由でした。

後半のトリプルルッツからトリプルループのコンビネーションジャンプは、跳ぶ直前、左足のバックインサイドエッジがなめらかに「Sの字」を描いてバックアウトサイドエッジに切り替わっていきます（ここまでは平昌シーズンと共通したムーヴです）。

そしてバックアウトサイドエッジでルッツを踏み切り、ループまで着氷。着氷した足を、今度はフォアエッジに切り替えし、そこからスパイラル。しかもそのスパイラルも、ポジションをI字の姿勢に変更していくのです。

隣に座るお客様に迷惑にならないよう、ため息を抑えるのに必死でした。

アリーナ・ザギトワのピークは、まだまだ先にある。それを強く感じた演技でした。

今シーズンのショートプログラムの使用曲は『オペラ座の怪人』から。少し引っかかるのは、曲の編集が唐突すぎて、物語の世界観が薄くなっているような気がしたことです。『オペラ座の怪人』は世界的に有名なミュージカル作品ですし、羽生結弦の2014年のグランプリファイナル（2014 GPF FS）をはじめ、過去にも多くのスケーターがチョイスしています。この作品を演じたスケーターたちは、ある登場人物に自分を重ね合わせるようなスタイルか、いくつかの場面をじっくり演じるようなスタイルが多かった。

一方ザギトワのショートプログラムは、「何曲か選び、フレーズだけを抽出し、つないでいく」というスタイル。斬新といえば斬新ですが、私個人としては「もったいない」という感想を持ちました。

初めてその演技を観る観客にも「曲の世界観」が共有されるように、使う曲を編集していくことも、プログラムの根幹のひとつかな、と私は思っています。高い運動能力で次々と難度の高い技をこなしていくザギトワは確かに魅力的ですが、ザギトワの魅力はそれだけではないはずです。ジャパンオープンのノーミスの『カルメン』に鳥肌の立つような凄みを感じた私としては、まだまだザギトワには「伸びしろ」があると確信しています。

ロシアの国内選手権ではフリーでミスが出て、総合5位だったザギトワですが、２０１９～２０年シーズンには、さらにマチュアに音をまとうようになっていることを猛烈に期待しています。

◆エフゲニア・メドベージェワ

平昌オリンピックの女子シングルの銀メダリストとなったメドベージェワの話をするには、２０１６年の世界選手権にいったん時計を巻き戻す必要があります。

世界選手権に初出場して16歳で初優勝を果たしたメドベージェワのフリー（Evgenia Medvedeva 2016 Worlds FS）は、その後の女子シングルの主流となる「哲学」が明確に表れたものだったのです。

ちなみにこの大会は、1位がメドベージェワ（ロシア）、2位がアシュリー・ワグナー（アメリカ）、3位がアンナ・ポゴリラヤ（ロシア）、4位がグレイシー・ゴールド（アメリカ）と、1位から4位までロシアとアメリカの選手で占められました。

当時この大会をテレビで観戦した私は、こんな感想を綴りました。

今大会、ロシアとアメリカが、それぞれ、何をもって『いいスケート』と考えているか。それがより明確になったような気がします。

ジャンプの前後の凝ったエッジワークや、エッジワークと連動する、指先までも含めた体の動きに主眼を置いたロシアの若き大器、エフゲニア・メドベージェワ。16歳で、「力」ではなく「ひざと足首の柔らかさをいかした体重移動」で、あれだけエッジを使えるのは驚くばかりです。この1～2年で、スケーティングがあれだけ急成長を遂げたのもすさまじい。回転不足をとりようのないジャンプと、着氷後に流れがやや悪くてもエッジワークを入れられる強さも特筆ものです。まあ、「タノジャンプ（片手を上げて跳ぶジャンプ。アメリカの男子シングル選手、ブライアン・ボイタノのトリプルルッツが有名、という名前の元）の回数制限の議論は起こりそうだわ」という思いもありますが……。

対して、アメリカのアシュリー・ワグナーとグレイシー・ゴールドは、「スピードと流れ、エフォートレス（まったく力が入っているように見えないこと）で明確なエッジワークこそがフィギュアスケート」という「答え」が、演技全体からほとばしっていました。特にグレイシー・ゴールドのショートプログラムの、「フォアア・バック」「イン・アウト」計4つのエッジの滑らかな移行っぷりには目を見張る思いでした。

やはりアメリカの「理想のスケート」はミシェル・クワン、それも１９９６年後半から１９９８年あたりのクワンなんだなあ、としみじみ。ゴールドのコーチはミシェル・クワンを世界チャンピオンにした人でもありますが、その影響もあるのでしょうか。シャーロット・スパイラルもクワンの影響バリバリに受けている感じでしたし（シャーロット・スパイラルはワグナーも使っていましたね）。

ロシアとアメリカ、どちらが正解か。どちらも正解です。それに順位をつけなくてはいけない審判たちは、本当に大変だったろうと思います。

（２０１６年4月7日「サイゾー premium」より。選手名の表記は本書に合わせています）

このときに書いた「ジャンプの前後の凝ったエッジワークや、エッジワークと連動する、指先までも含めた体の動きに主眼を置いた」ロシアのスタイルは、そのまま現在のザギトワにも厳密に叩き込まれている「哲学」だと思います。

２０１６年の世界選手権が終わった直後に書いたエッセイですので、「ロシア」と「アメリカ」と書いていますが、「アメリカ」は「北米」と言い換えてもいいでしょう。つまり、アメリカとカナダ。歴史面でも日本をはるかにしのぐフィギュアスケート大国です。

北米では、何より「エフォートレス・スケーティング」を目指す。それをベースに、エッジワークや技、プログラム全体を構成していくというスタイルです。その「哲学」を平昌オリンピックの女子シングルで体現していたのが、ケイトリン・オズモンドだったように感じています。

余談ですが、羽生結弦は、世界選手権を4度制した名選手のカート・ブラウニング氏（カナダ）、ジョニー・ウィアー氏や長野オリンピック女子シングルの金メダリスト、タラ・リピンスキー氏（ともにアメリカ）などから、各国の実況解説中にそのスケーティングを絶賛されています。同時に、ロシアのスケート界の重鎮中の重鎮、タチアナ・タラソワ氏や、レジェンドスケーターのエフゲニー・プルシェンコ氏やアレクセイ・ヤグディン氏からも熱い賛辞の声が寄せられています。

それは羽生が、北米の哲学である「エフォートレス・スケーティング」と、ロシアの哲学である「極めて高難度のジャンプの前後にも複雑なトランジションを入れること」を、非常に高い次元で融合しているからではないか……と考えています。

ロシアの哲学の申し子ともいえる存在だったメドベージェワは、今シーズンからブライアン・オーサー氏のいるカナダのクリケットクラブでトレーニングを始めました。

オーサー氏がまず教えたのは、スケーティングの基礎でした。オーサー氏は、「確実な4回転ジャンプを身につけたい」という動機で自分のもとにやってきた羽生結弦にも、まずスケーティングの基礎を徹底的に教えることから始めたそうです。

メドベージェワは、ロシア国営放送の独占インタビューで、クリケットクラブでの最初の練習のときに泣いてしまったことや、「クリケットの周りの選手と比べて、自分のスケーティングがいかに未熟であるか」と痛感したことなどを、率直に語っていたそうです。

もちろんこれは、メドベージェワがもともと非常に高い能力を持っているがゆえに、自分に足りないところも鮮明に見えてしまったからだと私は思っています。

ただ、メドベージェワのこの率直すぎるほど率直な発言で、私は、ロシアと北米の哲学のありようの差を、よりくっきり感じることができたのです。

クリケットクラブに移ったメドベージェワは、非常にポジティブです。その番組では、「まだどれほど学ぶことがあるのだろうと感じている」

とも語っていたそうです。

今シーズン、ショートプログラムはナタリー・コールの『オレンジ色の空』をまずチヨイスしました。ナタリー・コールはソウルもジャズも歌えるシンガー。この曲はジャズのニュアンスのほうが強いでしょうか。フリーはピアソラの『Mumuki』と『リベルタンゴ』。私はこのふたつともかなり好きなプログラムです。メドベージェワの新しいチャレンジが詰まっています。

いままでは、ミディアムからスローな曲を使い、その曲に合わせたエッジワークを披露することが多かったメドベージェワが、今シーズンはベースとなるスケーティングそのもののスピードをグンと上げているように感じます。そのスピードの中でさまざまな足さばきを実施していくこと自体、非常に難しいことだと思うのです。エフォートレス・スケーティングに真正面から取り組み始めたメドベージェワの姿がそこにはありました。

ロシアの国内選手権では、ショートプログラムをプッチーニの『トスカ』に変更してきました。メドベージェワにとってまったく新しいチャレンジだったナタリー・コールのジャズ寄りの曲と比べ、確かにいままでのメドベージェワのイメージには合っています。「要素を実施していくタイミングを音楽に合わせていきやすい」という判断もあったのかもしれません。私はこれを「守りに入った」というよりは「世界選手権の代表の座を何が何でも獲得したい気持ちゆえの変更」ととらえたいと思います。

同時に、「カロリーナ・コストナーのように息の長い選手になりたい」という目標を持っているメドベージェワにとって、シーズン序盤のチャレンジングな選曲と北米仕込みのスケーティングへの取り組みは、決してムダにはならないと私は固く信じています。メドベージェワ自身、「スケーティングを身につけるまでに、1年や2年では足りない」と明言しているのですから、ファンとしては気長に待ちたい。さらに大きな花を咲かせる可能性もきっとあるはずです。

◆エリザヴェータ・トゥクタミシェワ

ロシアからもうひとり、トゥクタミシェワを。今シーズンはスケートカナダで優勝し、NHK杯でも3位。宮原知子とともに、グランプリファイナル出場の権利をいち早く獲得したスケーターです。

スケートファンには、2011~12年シーズンにはすでに「2014年のソチオリンピックの台風の目になるはず」と言われていた選手です。オリンピックシーズンに調子を合わせることができなかったため、まだオリンピックの出場経験はありませんが、2015年の世界選手権ではチャンピオンに輝いています。

そんな実力がある選手がオリンピックに出られない。ロシア国内の女子シングルの競争がいかに激しいかを物語っているといえるでしょう。

トゥクタミシェワのトリプルアクセルが私は大好きです。高さとまっすぐな回転軸と、そして着氷の流れのよさ。切れ味よりも豪快さ、雄大さを感じます。

トリプルアクセル以外のジャンプも、ロシアの選手に顕著な「複雑なトランジションを入れてから跳ぶ」というよりは、踏み切りの鋭さ、空中での高さや着氷後のフローなど、ジャンプそのもののクオリティで勝負するタイプだと私はとらえています。

トゥクタミシェワや、後でご紹介する紀平梨花《きひらりか》など、トリプルアクセルを跳ぶ女子選手を見ているのは、心躍るものです。私にとっての永遠のアイコン・伊藤みどりや永遠のスター・浅田真央のきらめき、中野友加里やアメリカのミライ・ナガスのあくなきチャレンジ精神など、素晴らしいスケーターの姿も一緒に浮かんできます。

NHK杯のショートプログラム（Elizaveta Tuktamysheva 2018 NHK Trophy SP）は、もう何回も見ています。最初の音が会場に響いた瞬間から、トゥクタミシェワが自分の世界を作っていることがわかる。ジャンプそのもののクオリティはもちろん、「妖艶さ、パッション、パワー」の三拍子がそろった、成熟した演技。眼福としか言いようがありません。

フリー（2018 NHK Trophy FS）も、トリプルアクセルでオーバーターンした以外は素晴らしい出来。後半のコレオシークエンス以降の爆発的なエネルギーや、会場の盛り上げ方も、長期間にわたってシニアの世界で戦っている選手の本領発揮といったところです。

熾烈を極めるロシア国内の代表争いですが、できる限り長く続けてほしい。そのスケートを可能な限り見ていたいと思わせてくれる、得難い選手です。

◆紀平梨花

シニアのグランプリ大会初出場となったＮＨＫ杯で優勝。トリプルアクセルからトリプルトウのコンビネーションジャンプ、そして単独のトリプルアクセルという2回のトリプルアクセルに成功した完璧なフリー（2018 NHK Trophy FS）には、ただただ度肝を抜かれるばかりでした。そしてフランス杯でも優勝し、グランプリファイナルにも初出場で初優勝。決して「崩れた」わけではないザギトワを上回ったことで大きく報道されました。

さまざまなニュースにもある通り、紀平の鮮やかなトリプルアクセルは、どんなに称賛してもしすぎることはありません。それに加えて私が本当に素晴らしいと思っているのは、「ルッツジャンプとフリップジャンプの跳び分けが、ここまで見事にできている選手は、いま世界を見渡してみてもそうそういない」

という点です。

空中での回転方向が「反時計回り」の選手の場合で、もう一度説明させていただきます。

ルッツは、左足のバックアウトサイドエッジで踏み切るジャンプ。その際、右足のトウを氷につく「トウジャンプ」の一種です。

フリップは、左足のバックインサイドエッジで踏み切るジャンプ。その際、右足のトウを氷につく「トウジャンプ」の一種です。

つまり、ルッツとフリップの差は「踏み切りの瞬間、左足のバックエッジが、アウトサイドかインサイドか」の違いだけ。この両方のエッジの使い分けを正確にできる選手は、実はなかなかいません。

ルッツジャンプを跳ぶために、1度バックアウトサイドエッジに倒しても、踏み切る瞬間はインサイドエッジになってしまっている選手はけっこういます。

逆に、フリップジャンプを跳ぶために、1度バックインサイドエッジに持っていっているのに、踏み切る瞬間、足首ごとアウトサイドエッジに傾いている選手もいます。

「ルッツとフリップ、どちらかが苦手」

という選手も多いのです。

紀平梨花は、ルッツはきっちりバックアウトサイドエッジのまま跳びます。そしてフリップは、ジュニア時代から「こんなに傾きの深いバックインサイドエッジでフリップを踏み切れる女子選手、久しぶりに見た」と驚くほどのクオリティです。

年齢的にまだ体が完成していないジュニア選手は、前傾した上半身をグッと起こす勢いと、その上半身と連動するように上げた足（たいてい、ひざが曲がっています）を氷に叩きつけるように戻す勢いの両方を使ってジャンプを跳ぶことが多くなります。また、その際、大きく広げた両手を回転方向のやや上に向けて大きく振っていくようにして出す勢いを利用する選手も多いもの。そしてそれらのクセがシニアに上がってもなかなか矯正されないというパターンもよく見られます。

しかし紀平梨花はジュニア時代から、「体の締め」でジャンプを跳べていました。直立に近い姿勢から跳び上がる際、体の中心にあると想定される「回転軸」に向けて、両腕を含めた体のすべてのパーツをキュッと締めることで、ジャンプを成立させているのです。コンボトウを氷につく際、足全体もまっすぐ伸びていて、過剰な勢いをつけていません。コンボのセカンドジャンプのトリプルトウであっても、これがきちんとできているのです。

グランプリファイナルのショートプログラム（2018 GPF SP）、はドビュッシー作曲の『月の光』。まったく力みのない踏み切りから跳んだトリプルアクセルの見事さは言うに及ばず、コンビネーションジャンプの、トリプルフリップの踏み切り！　演技直後に流れるスロー映像では、踏み切り直前の左足が「45度くらい内側に傾いているのではないか」と思わせるほど、見事なインサイドエッジなのがはっきりわかると思います。

トリプルルッツは非常にキレのあるバックアウトサイドエッジの踏み切りから、両手を上げるポジションへ。着氷直前にその腕をほどき始める余裕を見せつつ、完璧なランディング。そしてフォアエッジのスパイラル、そこから足を下ろしてバックエッジへと切り替える……、ここまでを着氷した右足だけでおこなっているのです。

フリーは、ノーミスで通したNHK杯を何度も見返しています。ジェニファー・トーマス作曲の『ビューティフル・ストーム』冒頭のトリプルアクセルとトリプルトウのコンビネーションジャンプの素晴らしさ、そしてその素晴らしさを上回るクオリティだった単独のトリプルアクセルの凄み！　もちろん、すべてのジャンプの踏み切りの、「厳格」とも表現できそうなほどクリアなエッジも堪能しました。

しかし、冒頭のトリプルアクセルに失敗したグランプリファイナルのフリー（2018 GPF

FS）では、別の凄みも見せてくれました。即座に次のトリプルアクセルにダブルトウをつけてコンビネーションジャンプにし、NHK杯ではトリプルルッツからダブルトウだった中盤のコンビネーションジャンプを、トリプルルッツからトリプルトウに変更。全日本選手権のフリーでは、トリプルルッツからの3連続ジャンプのトリプルルッツで着氷が乱れかけましたが、それをギリギリのところでシングルオイラーにして、ダブルサルコーにつなげました。この大舞台でジャンプの構成を瞬時に変えていく冷静さも特筆に値すると思います。

スピンも回転軸の確かさや回転の速さをいかした見事な出来栄えで、ステップも非常になめらか。ジャンプだけでなく、すべての技術が正確なのです。そしてその「正確さ」は、今後さらなるGOEの伸びを確信させるものなのです。現時点でも正確な体重移動によっておこなわれているエッジワークは、年齢とともにより成熟していくでしょうし、音楽をとらえる上半身、特に柔軟なアームの動きにもますます洗練が加わることでしょう。正直どこまで伸びていくのか、想像もつきません。

もちろん、トリプルアクセルは非常にリスクの高い技ですから、失敗もつきもの。ジュニア時代から、豪快すぎるほどの失敗を見るたびに胸がつぶれそうなほどヒヤヒヤしています。一ファンとして、ただただケガがないことだけを祈っています。

◆宮原知子

宮原知子の素晴らしさについては、第1章でも語っていますが、ここでは、もうひとつの美点を語りたいと思います。

私は過去、「これは宮原知子の完成型だ」と思う演技を何度も見てきました。その代表的なもの、かつ2017〜18年シーズンが終わった時点で最新のものが、平昌オリンピックの個人戦の、ショートプログラムとフリーでした。

ただ、「完成型」とは、裏を返せば「これ以上の出来のものは、そうそう出てこないだろう」という意味にもなってしまいます。

しかし宮原知子は、今シーズンも、それを超えてきました。毎シーズン、限界まで自分の力を本番で出し切って、着実に階段を上がり続けている。毎日毎日、一瞬一瞬、どれほど厳しい態度で自分自身と向き合っているのか。私には想像もつきません。

今シーズンのショートプログラムの曲は、パトリシア・カースの『小雀《こすずめ》に捧げる歌』(2018 NHK Trophy SP)。フリーはピアソラの『インビエルノ・ポルテノ』(2018 NHK

Trophy FS)。

体のどこにも余分な力が入っていないのに、体幹の引き締めとエッジに正確に体重を乗せることで、どんどんスピードアップしていくスケーティングの妙。そして前シーズンよりも明らかに大きさが増したジャンプが強く印象に残ります。

特にフリーは、冒頭のトリプルサルコー、トリプルルッツからトリプルトウのコンビネーションジャンプを、ピアノのドラマティックな音と完璧に合わせて跳び、一気に会場を引き込みます。

足替えのコンビネーションスピンは、足を替えたところで反時計回りから時計回りへと、回転の向きまで変える。しかもどちらの回転も非常にスムーズです。後半になってからのダブルアクセルからトリプルトウのコンビネーションジャンプも、ふたつめのトリプルトウのほうがはるかに大きなジャンプでした。

スケーターであれ本職のダンサーであれ、不協和音が多用されたピアソラのタンゴを踊りきるのは、非常に難しいと私は思っています。

その難しさは、「音」と「踊り」の情報量にあると思うのです。

「観衆は、音楽が鳴った瞬間、まず圧倒的に『音』に飲み込まれるため、踊り手やスケーターが放つ『踊り』の情報量が負けてしまう」

というイメージです。

こういった曲で観客に「踊り」の印象を残せる人は、超一流のダンサーの資質を持っていると思います。その資質を、宮原はエッジワークを駆使しながら魅《み》せていくのです。持って生まれたジャンプの才能やアスリートとしての能力が宮原知子より高いスケーターはいると思います。しかし先ほども言いましたが、宮原は「自分と向き合う術《すべ》」を知っている人だと確信しています。自分よりはるかに若い人に、自分と向き合う大切さを教えてもらえる。なんと素晴らしいことでしょう。

◆坂本花織

伊藤みどりを彷彿させるダイナミックな高さと、空中姿勢の美しさの両方を併せ持つジャンプがトレードマークですが、平昌シーズンでは、エッジワークと上半身の振り付けの融合が、1試合ごとにレベルが上がっていくのがはっきりわかりました。

その伸びしろの大きさは、今シーズンのスケートアメリカでさっそく発揮されました。映画『ピアノ・レッスン』の曲を使ったフリー（2018 Skate America FS）が、私は特にお気に入りです。

前シーズンより、演技全体のスピードが飛躍的に向上しているように感じられました。ジャンプが非常に大きく、着氷後も流れがあるのは以前からですが、その流れを上手に使ったジャンプ後のトランジションも見事。トリプルフリップからトリプルトウのコンビネーションジャンプの着氷後にもエッジワークを組み入れることができるのは驚異的です。

ふたつめのジャンプ要素、ダブルアクセルのトランジションにも驚かされました。ジャンプを踏み切る前の左足、そして着氷した後の右足、それぞれ1本の足でおこなうトランジションのスピードと距離には、思わず声が出てしまったほどです。

そして、平昌シーズンに感動した、「エッジワークと上半身の振り付けの融合」の上達の度合いたるや。もう目が丸くなってしまうほどでした。

特に、カモメの鳴き声を合図にしたかのようなステップシークエンスの冒頭！　右足のバックインサイドエッジが急激に深くなり、スピードも一気に上がる中でのターンは「これでバランスを保っていられるなんて！」と驚嘆するクオリティ。後に続くエッジワークの大きさ、エレガンスも別人レベルで向上していました。

「平昌が終わってたった8か月で、ここまで伸びるの!?」

とテレビを見ながら声に出してしまったほど。もちろん、そこまで伸びたのは本人のたゆまぬ努力あればこそ。単に「ジャンプが大きい」というだけではないスケールの大きさを感じたのです。

２０１８年12月時点での坂本の集大成は全日本選手権の優勝でしょう。しかし、ジャンプの雄大さ、スケーティングの大きさ、非常にミスが少ない勝負強さを考えると、まだまだピークは先にあるような気がしてなりません。

◆三原舞依《まい》

『羽生結弦は助走をしない』でも少し書いていますが、私は２０１５年の春の終わりあたりから、いたちごっこのように肝臓がんとのバトルを繰り広げています。

肝臓を切除する開腹手術に踏み切ったのが２０１８年の４月。それが成功し、体調がかなり上向いたいまになって思うのは、

「ほかの人たちは、理不尽にも思える出来事が自分に降りかかってきたとき、精神的にどんなふうに対処しているんだろう」

ということでした。

私の場合は主治医を全面的に信頼していますし、主治医のおかげで体調が上向いてきた揺るぎない事実もありますが、それでも、自分に降りかかった理不尽な出来事を処理するハートまでは、お医者さんは用意してくれません。

「ほかの人たちは、どんな手段で、そのハートを手に入れているんだろうか」

と思ったことも1度や2度ではありません。


私は三原舞依というスケーターに、一観客として思い入れを抱いています。

まったく力みのないスムーズなスケーティング。そして、どんどんスピードアップしていく明快なエッジワーク。

2016年中国杯のショートプログラム（2016 Cup Of China SP）で、海外の解説者が「彼女のスケーティングはパトリック・チャンを思わせる」とコメントした、と友人から聞いたことがありますが、私は深々とうなずいたものでした。

そんな素晴らしいスピードでトランジションを入れつつ、きれいな流れの中で跳ぶジャンプも目を見張るばかりです。

浅田真央に憧れているという三原舞依には、どことなく浅田に通じる清らかさや爽やかさがあり、熱烈な浅田ファンの私としてはそれも嬉しくなるポイントです。

「観客」としての立場とは別に、私は「病を得た身」として、三原舞依のことを考えることもあります。

三原舞依は、原因不明の難病である、若年性特発性関節炎にかかり、2015年12月の全日本選手権は病院のベッドで見ていたそうです。そんな状態から、2017年の世界選手権では5位に入賞。あの爽やかな持ち味の奥にある、すさまじいばかりの精神力には、感嘆するよりほかありません。

病気による痛みを抱えながら、そして病気によるブランクも受け入れながら、世界のトップグループで互角以上に戦う意志を持つ……。そこにいたるには、どんな「ハート」があったのでしょう。

私と三原舞依では得ている病が違いますから、単純に比較してしまうことは、彼女に対して失礼にあたります。それは心得ているつもりですが、自分を甘やかしまくっている私には、彼女のハートの強さはやはりリスペクトに値するのです。

平昌オリンピックの直前に開催された四大陸選手権は、そういった個人的な感情もあり、私は三原舞依に大きな注目をしていました。

「オリンピックへの出場は、大きな、本当に大きな目標だったはず。その目標が『4年後』に遠ざかったいま、どんな演技を見せてくれるのだろうか」

その演技は、見ているこちらが思わず涙ぐんでしまうほど素晴らしかった。ショートプログラム（2018 4CC SP）の『リベルタンゴ』は、ひとつひとつ切れのいいエレメンツをこなしながら、同時に、演技全体から「セクシーさ」というか、「ファム・ファタル感」が出ているように感じたのです。

「ファム・ファタル」はフランス語の「femme fatale」。日本語にすると「運命の女」という感じでしょうか。相手の男を破滅させてしまうほど妖しい引力を備えた、魔性の女。私は三原舞依を「根っからの努力家で、ものすごく真面目な性格」だと思っていて、そこにも大きな好感を持っています。しかし、「運命の女」というのは、そういう性格の持ち主には表現するのがもっとも難しいキャラクターでもあると思っています。四大陸選手権のリベルタンゴは、その難しいキャラクターに入り込んでいたように私には感じられた。彼女の中で、ひとつ壁を超えたような気さえしました。

「ああ、この選手は、全日本選手権が終わったあとも、気持ちを切らさずに、くさらずに、自分の演技と向き合ってきたんだな」
というこ とがはっきり伝わってきたのです。

アスリートにとって、「病気やケガをどう乗り越えるか」は、常について回る大きな課題、ほとんど宿命とも言えるものかもしれません。ただ、私自身が病を得た現在、「そんな状況の中でも、自分を甘やかさず、世界レベルの大きな目標に向かっていく」というハードルが、健康だったとき以上に高く見えるのです。

そして言うまでもなく、平昌オリンピックから現在までの羽生結弦の歩みにも、私は同じリスペクトをいだいていました。

私に子どもがいたら、三原や羽生はまさに自分の子どもくらいの年齢です。そんな年若い人たちを心からリスペクトできること、リスペクトに値する人たちがしのぎを削っているスポーツを愛していることは、一観客として、とても幸せなことです。

三原舞依の2018~19年シーズン、ショートプログラムは『イッツ・マジック』、フリーは平昌シーズンと同じ『ガブリエルのオーボエ』です。ジャンプ前のトランジションは、「インサイド/アウトサイド」の切り替えが非常に深いエッジでおこなわれるため、氷に描くカーブが大きくてなめらか。技術的な確かさが三原のキュートさや清々しさとあいまって、両方とも大好きなプログラムです。

全日本選手権のフリー（2018 Nationals FS）は、雲の上を舞っているかのようななめらかなスケーティングと、清らかな持ち味が溶け合って、極上の味わい。そのうえ「滑る喜び」にもあふれている。ただただ見事と言うほかない出来栄えでした。個人的には、浅田真央の2014年の世界選手権ショートプログラム（2014 Worlds SP）や、ミシェル・クワンの1998年の全米選手権フリー（Michelle Kwan 1998 Nationals FS）と並び称されるにふさわしい傑作だと思っています。

スケーターたちは皆、限界まで自分の力を詰め込んだプログラムを組み、それを試合でパーフェクトに実施できるよう、日々過酷なトレーニングに励んでいます。

しかし、それにはケガのリスクが常につきまといます。

2018年の世界選手権、フリー（2018 Worlds FS）で会心の演技を披露し銀メダルに輝いた樋口新葉《わかば》は、疲労骨折寸前というケガをおして9月のオータムクラシックと10月のスケートカナダに出場しましたが、11月のロシア大会は欠場を決めました。出場している選手たちも、大なり小なり痛い部分を抱えたままで試合をしていると思います。

イタリアの至宝、カロリーナ・コストナーは2018~19年シーズンも競技続行の意志を早くから表明してくれていましたが、長引くケガのために、出場を予定していたグランプリシリーズ2試合を欠場しています。

ケガだけではありません。さまざまな心身の不調に苦しむ選手もいます。うつ病、不安障害、摂食障害で、2017~18年シーズンすべての試合を欠場していたグレイシー・ゴールドが、今シーズン、ロシア大会に復帰しました。ショートプログラム(Gracie Gold 2018 Rostelecom Cup SP)では、まだ3回転ジャンプは跳べず、ダブルアクセルも実際に空中で回ったのは1回転でした。

しかし、何より重要なのは「グレイシーが戻ってきてくれた」こと。「戻ってくる」という約束を果たしてくれたことなのです。

「いまはサバイバルの最中」というグレイシーの言葉は、どんな言葉より重く、尊いと、私は強く信じます。サバイバルしている姿を見せることが、どれほど多くの人々に勇気を与えるか……。そのことを、ぜひグレイシー本人にも気づいてほしい。心からそう願っています。

私はフィギュアスケートが大好きです。素敵な演技がたくさん見られることは私の大きな幸せです。しかしそれ以上に幸せなのは、そんな素敵な演技を見せてくれるスケーターたちが、何よりも健康でいることです。

幸せを与えることができる人は、誰よりも幸せにならなくてはいけない。私はこれからもその考えを変えずに、スケーターひとりひとりの演技を心待ちにしていきます。

あとがきにかえて——デニス・テンへ。そして皆様へ

偉人に敬称はいらない

デニス・テンのことを思い出すと、いまでも胸の奥のほうで何かがきしむ音がします。

2018年7月19日、デニスはこの世に別れを告げました。そして私は数か月経ったいまになっても、その日のことを振り返ることができません。

どんなニュースに触れ、どんなふうに感じ、どんなふうに友人と祈ったか。思い出そうとすると、何かがきしむような音を立ててブレーキをかけるのです。

デニスのことを書いては消し、また書いては消し……そんな状態のまま、この数か月を過ごしてきました。

一応メディアで仕事をしている身ですから、お亡くなりになった方に「さん」という敬

称をつける慣例があることを知っています。ただ、今回は敬称をつけずに書き進めることをお許しください。

私は、すでにこの世にいない芸術家やアスリート、例えば三島由紀夫やフリーダ・カーロ、ジャンヌ・モローやフランソワ・トリュフォー、セルゲイ・グリンコフについて書いてきたとき、掲載元が「慣例に従いたい」と言った場合のみを除き、彼ら、彼女たちに「さん」という敬称はつけませんでした。

偉人に敬称はいらない。

これはあくまでも私の考えに過ぎませんが、ショパンを「ショパンさん」とは呼ばないように、私にとってデニス・テンは「デニス・テンさん」でも「テンさん」でもなく「デニス・テン」であり「デニス」なのです。

最初から完成されていた「高貴さ」

初めてデニスの演技に圧倒されたのは、２００９年世界選手権のフリー（Denis Ten 2009 Worlds FS）でした。開始早々に跳んだふたつのトリプルアクセルの完成度に度肝を抜かれ、あとはもう画面に釘付《くぎづ》けになりながらただただ夢心地だったのを覚えています。

「力や勢い」ではなく「スピードとタイミング」でおこなう踏み切り。非常に美しい空中姿勢。ダブルアクセルの着氷かと錯覚してしまうほど、体のどこにも負担がかからない状態での着氷。そして、着氷後にスッと伸びていくエッジの流れ……。

当時15歳のデニスのトリプルアクセルは、あの大会の全選手中でナンバーワンだったと私はいまでも思っています。

どことなくプルシェンコを彷彿させる、ビールマンスピンやドーナッツスピンもありましたが、プログラム全体を通じて私が思い出したのは、アレクサンドル・アプトやアレクセイ・ウルマノフでした。ラフマニノフの『ピアノ協奏曲第2番』をバックに、「ノーブル」と表現したい体のラインや滑りの美しさを、4分半の演技時間を通してキープできる15歳の男子スケーターなんて、私はそれまで見たことがありませんでした。

この少年がピークを迎えるだろうソチオリンピックでどれだけのパフォーマンスを見せてくれることになるのか、ワクワクが止まらない。そんな思いを自分のブログにも書いたように記憶しています。

翌2009~10年シーズン、デニスはさらに階段を5~6段一気に飛び越すような成長を見せます。2009年スケートカナダのショートプログラム（2009 Skate Canada SP）

は、スウィングジャズの名曲『シング・シング・シング』をバックに、トリプルアクセル、トリプルルッツからトリプルトウのコンビネーションジャンプ、トリプルフリップの3つのジャンプ要素を完璧に実施。しかしそれ以上に驚いたのは、ふたつのステップシークエンス（当時の男子シングルは、ショートプログラム、フリーともにステップシークエンスの要素をふたつ入れるのがルールでした）の激しさと楽しさでした。

両腕をブンブン振り回す仕草も、それが「滑りに勢いを出すため」ではなく、純然たる「振り付けとしてのアームの動き」であることがわかる。非常に激しい動きではあるけれど、荒さはまったく見えませんでした。

前シーズンのラフマニノフで「クラシック曲で踊るうえでの、洗練」を身につけていたデニスは、翌シーズンで「ジャズを踊るうえでの、洗練」まで身につけていたのです。

スケートカナダの出来が決してまぐれではなかったことは、シーズンを締めくくる2010年世界選手権のショートプログラム（2010 Worlds SP）で、スケートカナダをさらに上回る得点を得たことで証明しました。

カザフスタンの英雄になった瞬間

2013年の世界選手権は、私にとってはデニス・テンが主役となった大会でした。ショートプログラム（2013 Worlds SP）とフリー（2013 Worlds FS）は、どちらも映画『アーティスト』から曲をチョイス。ショートプログラムでデニスは、古き良き時代の映画スターを思わせるコスチュームに身を包み、「これ以上はない」と思われるほどの4回転トウを冒頭で決めてみせました。高さと幅があるためトリプルトウに錯覚してしまうほど、回転速度に余裕を感じる素晴らしい実施。柔らかなひざのクッションが感じられる着氷の流れも素晴らしいものでした。

スケーティングの一歩一歩の伸びやかさは「マチュアそのもの」と言いたくなるほどの完成度。そして、ますます高まったダンサーとしての魅力。クラシックでもスウィングジャズでも「音を体に取り込んで踊る」ことができていたデニスが、その才能をいかんなく発揮しながら、チャーミングな気品までも全身から発散させていたのです。

そしてフリーは、ショートプログラムのタキシードスタイルからジャケットだけを脱いだようなイメージの衣装。サイレント時代の映画スターの栄光と没落、そして復活を描いた『アーティスト』の世界観を演じきったと私は思っています。

冒頭の4回転トウは「これ以上のものはない」と思ったショートプログラムと比肩するクオリティ。トリプルアクセルからトリプルトウのコンビネーションジャンプ、そしてふたつめのトリプルアクセルは、着氷後にジャンプの回転方向（反時計回り）とは逆の、時計回りのターンをさりげなく入れてみせるトランジション。ダンスではなくエッジワークそのもので「洗練」を表現できるのは、超一流スケーターの証《あかし》だと思います。

このプログラムにおけるデニス・テンの最大限の構成は、後半のトリプルルッツからの3連続コンビネーションジャンプにトリプルトウを入れること。そしてトリプルフリップを成功させることだったかもしれません。トウ、フリップともダブルになってしまいましたが、空中でのバランスや着氷時の体勢の乱れを最小限に抑えたことで、プログラム全体に曇りがさすことはありませんでした。

フリーだけでは全体の1位。ショートプログラムとの合計で、パトリック・チャンとわずかの差で総合2位。デニス・テンは、世界選手権で初めてメダルを獲得したカザフスタンの選手になったのです。「カザフスタンの英雄」の名が、永遠にデニスのものになった瞬間でもありました。

オリンピックの銅メダリストに

2014年のソチオリンピックは、銅メダル争いが熾烈を極めました。ショートプログラム9位のデニスがフリーで選んだ曲は、ショスタコーヴィッチのバレエ曲『お嬢さんとならず者』をメインに編集したものです。

演技前半、そしてラストの盛り上がりの部分のメロディが非常に印象的。昔からのスケートファンは、1988年のカルガリーオリンピックでブライアン・ボイタノと激しく金メダルを争ったブライアン・オーサーのフリー（Brian Orser 1988 Olympics FS）を懐かしく思い出した方もいらっしゃると思います。

2013～14年シーズン、デニスは両足首と背中のケガを抱えて、文字通りの満身創《そう》痍《い》の状態でした。シーズン序盤は感染症でグランプリ大会を1試合欠場してもいます。そんなコンディションで迎えたソチオリンピック。フリーの前半はほぼ完璧な出来でした。大きな故障を抱えた状態とは信じられないほどの4回転トウやトリプルアクセルは、素晴らしい高さ、幅、流れがありました。

演技後半の幕開けとなるジャンプ要素、トリプルフリップからトリプルサルコーまでの

3連続のコンビネーションジャンプも見事。ラストふたつのジャンプがわずかに乱れましたが、全体として中身の詰まった、本当に見応えのある演技。フリー3位を獲得し、総合でも3位。カザフスタンの英雄が、またも栄光をつかんだ瞬間でした。

私にとっての「ベスト・デニス」

しかし私にとって、デニス・テンのベストは、いままでご紹介してきた演技ではありません。2015年の四大陸選手権のショートプログラムとフリーが、私にとって完全無欠の「ベスト・デニス」なのです。

ショートプログラム（2015 4CC SP）は、オペラ史上に燦然《さんぜん》と名を残す名テノール、エンリコ・カルーソーに捧げた曲『Caruso』。ルーチョ・ダッラというイタリアのシンガーソングライターが作った曲ですが、そのテーマゆえに、オペラ歌手にもカバーされています。デニスが使ったのは、19歳でオペラ界にデビューを果たしたテノール、ジョセフ・カレヤが歌ったバージョンです。

ジャンプの要素が見事だったこと。スピンも素晴らしかったこと。特に、フライングシットスピン実施中、上半身をひねり、腕を天井に向かって伸ばしていくポジションに完全に射抜かれました。観客のみならず会場となった建物まで泣かせにかかるように響くオペラ歌手の声、その切迫感がデニスの演技に本当に似合っているように感じられたのです。

そして、ひとつひとつのポジションが美しい足替えのコンビネーションスピンをはさみ、このプログラムの最大の見せ場、ステップシークエンスへ。哀切、パワー、熱のすべてがそこにありました。私はただただ言葉を失っていたのです。

成熟したスケーターたちの中でも、選ばれた人にしかこの境地に達することはできない。そう断言できるほど、素晴らしいステップシークエンスであり、素晴らしいプログラムであり、素晴らしいパフォーマンスでした。

２００９年の世界選手権、15歳でラフマニノフをエレガントに舞った少年は、その6年後に、人間の感情すべてを表出できるパフォーマーになっていたのです。「嬉しさ」などという枠を超えた、深い感動。それを演技から受け取って涙を流せるなんて、観客としてなんと幸せなことか！

そしてフリー（2015 4CC FS）は、シルクロードをテーマにプログラムを構成。デニス・テンのスケート人生で、カザフスタン人としての民族的なルーツに初めて向き合ったプログラムだと思います。

正直に告白します。このフリーは、あまりの個性と密度に、リアルタイムで見たときには「いったい自分は何を見たんだろう」と、瞬時には理解できなかったほどです。西洋的でも東洋的でもない、だからといって、インド的でもアラブ的でもないメロディとリズム。雄大さと寂寥感《せきりょうかん》が弦楽器の中に同居し、それが打楽器の乾いた激しさにとって代わられる。その目まぐるしい展開……。

4回転トウ、4回転トウとトリプルトウのコンビネーションジャンプ、冒頭のふたつのジャンプ要素は完璧でした。トリプルアクセルからダブルトウのコンビネーションジャンプは、ダブルトウの着氷でフリーレッグが氷につくのが少しだけ早かったかな、と感じたこと。そしてふたつめのトリプルアクセルの着氷がやや乱れたこと。それは確かに感じていました。しかし演技の終盤には、

「ジャンプの要素がどれだけ決まっていたか」

はすっかり頭から抜け落ちて、デニスが創造してみせたシルクロードの風景に酔いしれていたのです。

英語には instant classic という称賛の言葉があります。「即座に古典となるもの」と訳

せばいいでしょうか。

「この先ずっと語り継がれていくにふさわしい」と誰もが認めざるを得ない、新作。デニスのあの演技は、間違いなくそのひとつです。

私はこれからも「あの演技は一生忘れない」と断言できます。

別れはいつも自分が思うより早い

最後に、自分の話をすることをお許しください。私は14歳のときに母親を病気で亡くしました。34歳のとき、ある人と出会いました。母ひとり子ひとりで育ち、病気の母親のために身を粉にして働いている、25歳の人でした。

「ずっと貧乏だったよ。高校も途中で学費を出せなくなったけど、仕方ないね。病気のおかんは俺が面倒見るって決めているし」

初めて会ったとき、彼はそう言いました。14歳で母を失った私は、自分の母親の面倒を見ると言い切れる彼が、どこかうらやましかったのかもしれません。

病気の治療費を、彼がなりふりかまわぬ覚悟で得ていたことを知ったのは、つきあう少し前でした。私は、

「いま背負ってるもの、半分こっちによこしな」

と、彼の恋人になり、ふたりの生活に割って入っていったのです。しかし、工事現場の仕事を掛け持つ彼の疲れがどんどん蓄積されていくことには、気づかないふりをし続けました。

つきあって3年半が経った、ある朝、彼は布団の中で冷たくなっていました。

彼の昔の仕事を知らない母親は、葬儀の席で、「息子のこと、愛してくれてありがとう」と言ってくれました。泣き崩れながらその言葉に甘えてしまった私は、彼の母親の治療費の工面を本格的に始めました。彼の思いを引き継いだつもりだったのか、自分の子どものころに願ったことを叶《かな》えようとしたのか、いまでも答えは出せないままです。

その日々も、2年と経たずに終わりを告げました。彼の母親を見送ったのは、彼と出会ってちょうど5年になる月でした。

不幸自慢をするつもりは一切ありません。ただ、言葉に迷うのですが、

「大切だったり、大好きだったりする人やものがたくさんある。でも、そういう人やものとの別れは、自分が想像しているよりずっと早くやってくる」

ということを、私はこれまでの人生で学んできたはずでした。それにもかかわらず、デ

ニスの報《しら》せを聞いたとき、後悔に近いような思いが込み上げてきたのです。

多くのケガや病気と戦ってきたデニス。彼の痛みや苦しみが、いまはすべて消え去っているこことを祈る日々の中で、

「好きなものをもっともっと好きになるために、自分から捧げるものがあるはず。その課題に向き合ってこなかったのではないか」

という自問もずっと続いています。

私もそろそろ50に手が届く年齢、人生の折り返しはとっくに過ぎています。

名作少女漫画『ガラスの仮面』の月影《つきかげ》千草《ちぐさ》先生のように、ギリギリのところでしぶとく生き抜いてやるわ、と笑っているのはもちろん本心からですが、「そのとき」が想像したよりずっと早くやってきたとしても、それはそれとして静かに受け入れたい。

ただ、それまでは、自分の大好きな人や大好きなものに、自分なりに『捧げるもの』を模索し続けていく人生でありたいと思っています。

僭越《せんえつ》極まりないのは承知していますが、この本も、フィギュアスケートというスポーツに、私が大好きなスポーツに多くのものを捧げているスケーターたちに、そして読者の皆様方に、私なりに捧げているものだとご理解いただければ幸せです。

羽生結弦をはじめ、すべてのスケーターが捧げているものを自分なりに考察した先には、「自分が捧げていくべきものを、もっと考えていかなくては」という、あらたな発見がありました。それは自分にとっても本当に嬉しいことでした。

どんな年齢でも、どんな状況であっても、新しいものには出会えるのだ、と。

『羽生結弦は助走をしない』に引き続き編集を担当してくださった集英社の金井田亜希さんには執筆以外のフォローも含め、お世話になりっぱなしでした。改めて感謝いたします。

そしてお読みくださっている皆様へ。

この本を手にしてくださって本当にありがとうございました。

私の「大好きな人や大好きなものに対する、見方や考え方」が、あなたの中に、ほんの少しでもポジティブな化学反応を起こせますように。

いつかどこかでお目にかかれたら、そのときにも心からのお礼を言わせてください。

高山　真

高山 真（たかやま まこと）

エッセイスト。東京外国語大学外国語学部フランス語学科卒業後、出版社で編集に携わる。著書に『羽生結弦は助走をしない 誰も書かなかったフィギュアの世界』『恋愛がらみ。不器用スパイラルからの脱出法、教えちゃうわ』『愛は毒か 毒が愛か』など。

集英社新書〇九六七H

羽《は》生《にゅう》結《ゆ》弦《づる》は捧《ささ》げていく

二〇一九年二月二〇日 第一刷発行

著者……高山《たかやま》 真《まこと》

発行者……茨木政彦

発行所……株式会社集英社

東京都千代田区一ツ橋二-五-一〇 郵便番号一〇一-八〇五〇

電話 〇三-三二三〇-六三九一（編集部）

〇三-三二三〇-六〇八〇（読者係）

〇三-三二三〇-六三九三（販売部）書店専用

装幀……原 研哉

印刷所……凸版印刷株式会社

製本所……株式会社ブックアート

定価はカバーに表示してあります。

ISBN 978-4-08-721067-5 C0275

Printed in Japan

a pilot of wisdom

ホビー・スポーツ——H

- 将棋の駒はなぜ40枚か　増川宏一
- 板前修業　下田　徹
- 自由に至る旅　花村萬月
- イチローUSA語録　デイヴィッド・シールズ編
- メジャー野球の経営学　大坪正則
- チーズの悦楽十二カ月　本間るみ子
- 早慶戦の百年　菊谷匡祐
- 両さんと歩く下町　秋本　治
- スポーツを「読む」　重松　清
- 田舎暮らしができる人 できない人　玉村豊男
- 自分を生かす古武術の心得　多田容子
- 10秒の壁　小川　勝
- 手塚先生、締め切り過ぎてます！　福元一義
- バクチと自治体　三好　円
- 食卓は学校である　玉村豊男
- 武蔵と柳生新陰流　赤羽根龍夫／赤羽根大介
- オリンピックと商業主義　小川　勝
- 日本ウイスキー 世界一への道　嶋谷幸雄／輿水精一
- メッシと滅私 「個」か「組織」か？　吉崎エイジーニョ
- F1ビジネス戦記　野口義修
- ラグビーをひもとく 反則でも笛を吹かない理由　李　淳馹
- 東京オリンピック 「問題」の核心は何か　小川　勝
- 「野球」の真髄 なぜこのゲームに魅せられるのか　小林信也
- 勝てる脳、負ける脳 一流アスリートの脳内で起きていること　内田　暁／小林耕太
- 羽生結弦は助走をしない 誰も書かなかったフィギュアの世界　高山　真

a pilot of wisdom

ヴィジュアル版――V

集英社新書　好評既刊

写真で愉しむ　東京「水流」地形散歩
小林紀晴／監修・解説　今尾恵介　0956-D

旅する写真家と地図研究家が、異色のコラボで地形の原点に挑戦！　モノクロの「古地形」が哀愁を誘う。

除染と国家　21世紀最悪の公共事業
日野行介　0957-A

原発事故を一方的に幕引きする武器となった除染の真意を、政府内部文書と調査報道で気鋭の記者が暴く。

中国人のこころ「ことば」からみる思考と感覚
小野秀樹　0958-B

中国語を三〇年以上研究してきた著者が中国人に特有の思考様式や発想を分析した、ユーモア溢れる文化論。

慶應義塾文学科教授　永井荷風
末延芳晴　0959-F

「性」と「反骨」の文学者、その教育者としての実像と文学界に与えた影響を詳らかにした初めての評論。

一神教と戦争
橋爪大三郎／中田　考　0960-C

西欧思想に通じた社会学者とイスラーム学者が、衝突の思想的背景に迫り、時代を見通す智慧を明かす。

安倍政治　100のファクトチェック
南　彰／望月衣塑子　0961-A

第二次安倍政権下の発言を○、△、×で判定。誰がどのような「嘘」をついたかが、本格的に明らかになる！

「考える力」を伸ばす　AI時代に活きる幼児教育
久野泰可　0962-E

長年にわたり幼児教育を実践してきた「こぐま会」の、考える力、物事に取り組む姿勢の育み方を伝授する。

本当はこわい排尿障害
高橋知宏　0963-I

中高年の約半数が抱えるという排尿障害の知られざるメカニズムを、この道四〇年の泌尿器科医が解説する。

近現代日本史との対話【幕末・維新―戦前編】
成田龍一　0964-D

時代を動かす原理＝「システム」の変遷を通して歴史を描く。〈いま〉を知るための近現代日本史の決定版！

「通貨」の正体
浜　矩子　0965-A

得体の知れない変貌を見せる通貨。その脆弱な正体を見極めれば未来が読める。危うい世界経済への処方箋！

既刊情報の詳細は集英社新書のホームページへ
http://shinsho.shueisha.co.jp/